聞くのがこわい 年金の話

興陽館

監修・内山貴博
内山FP総合事務所株式会社代表

年金、いくらですか？ 梅子の年金トーク！

はじめに　あなたの老後のお金は大丈夫？

この本では他人には聞けない「年金いくら？」について聞きました。

「年金いくら？」について聞きました

みんな年をとります。
いつのまにか気がついたら高齢者になっていきます。
「老後なんて自分には関係ない」とそう思っていても、すぐにそれはやってきます。
老いだけは誰しもに平等におとずれるものなのです。
誰もがいつまでも若いままではいられません。
年をとるといろいろな不安も出てきます。とくにお金のことですよね。
なぜならお金がなければ人は生きていけないからです。

年をとればとるほどお金の不安は大きくなってきます。

体が動かなくなっても、疲れて、しんどくても、それでも生活できるだけのお金が本当にあるでしょうか?

老後のお金の大きな部分といえば年金になります。充分な年金がもらえるのか。年金だけで生活できるのか。お金の不安の正体はここにあるのです。**老後のお金の不安イコール年金の不安なのです。**

自分のひと月あたりの年金額、年金生活はどうなのか、年をとってもできる仕事はあるのか、果たしてどんな生活が待っているのか。

そして、まわりの人は、どれだけ年金をもらっていて、どんな余生を送っているのか。知りたいとは思いませんか。

人は自分の年金の現実は他人には話しません。みじめだったり、嫉妬されたりするからです。

それでも、やっぱり知りたいですよね。本当の年金暮らしの現実を知るのがこわくても、知らないより知っていたほうが断然いいと思います。なぜなら、どんなことにも対処というものがあるからです。

あなたは何歳から年金をもらい始めましたか？
あなたがいまもらっている金額に満足していますか？
年金が少なくて生活が苦しいとは感じてはいませんか？
これからもらう予定ですか？
まだまだ先のことで実感がわきませんか？
もらえるかどうかわからないから当てにしないでいますか？
年金という不労収入が入ることを楽しみにしていますか？

これまで頑張って納めてきたんだから、老後は年金で楽に暮らすんだ。そうお考えの方もいることでしょう。たくさんもらえる予定だから安心。国民年金だけしかないから、ものすごく不安。年金額は一律ではないので、思うところは多々おありだと思います。

私はというと、かつて、年金に漠然とした不安を抱えていて、こわくて仕方がありましませんでした。

自分が年をとることもこわいし、もらえなかったらどうしようと考えるとそれもこわかった。何より、年金や年金暮らしのことがまったく想像もつかなくて、不安で仕方なかったのです。

わからなくて、こわいものをそのままにしておいては、状況は悪化するだけです。

私は年金について学び、知ることを選びました。それが、この本を書こうと思った根底にあります。

年金受給者のリアルな声が聞きたい

はじめまして。

私は『梅子の年金トーク！』というYouTubeの番組を配信している梅子と申します。

チャンネル名は『梅子の年金トーク！』ですが、実際には夫ののりさんと夫婦二人で運営しているチャンネルです。

梅干しが大好きな私、インタビュアーの「梅子」と、梅干しと相性がよい「のり」の二人コンビ。

二人とも40代、子供が二人いるごく普通の家族です。

『梅子の年金トーク！』という番組は、年金の現実を知るためには、実際に年金をもらってる人から話を聞くのが一番！という考えのもと、街角で出会った年金受給者の皆さんにインタビューをする番組です。登録者数は２０２４年12月現在10・７万人になります。

インタビュアーは私、梅子。撮影はのりさんが担当しています。取材方法は本当にぶっつけ本番。駅前やショッピングアーケード、公園なんかが主戦場です。

自分たちより年上かなぁ、年金もらってる年齢かなぁと判断した方々に声をかけさせてもらっています。

朝から夕方まで一日中街頭に立って、取材に応じてくれる方はすごくいいときで6人くらいです。一番悪いときでは50人声をかけて一人しかインタビューできない日もありました。

皆さん忙しいですし、動画の撮影となるとなかなかハードルが高いのが現状です。それでも、困っているように見える私たちを気の毒に思うのか、「短い時間でよければ……」とか「私でよければ……」なんていってくださる方もいらっしゃって、優しい言葉に心がほっこりします。

インタビューに応じてくださる方へは感謝の気持ちを持ちながらも、取材内容はけっこうシビアにいかせてもらっています。

年金額はもちろん、年金以外の資産についてや現在の生活状況に至るまで、会話の中で私自身が気になったことは全部聞くようにしています。

私たちのモットーは、年金受給者のリアルな声を視聴者の皆さんにお伝えすることです。

知りたいことを知るには、当事者の話を聞くことが一番です。

ときには、立ち入りすぎかもしれない、こんなことまで聞いてしまっていいのかしら、と思うこともあったりします。

それでも、直接年金を受給している当事者に話を聞けるチャンスなんて普段の生活の中にはありませんから、リアルな年金の話を聞くにはこの方法が一番だと信じているのです。

わからないからもらえなかった。知らないから損をした。面倒だから手続きをしなかった。そんなことが起こらないように、『梅子の年金トーク！』ではインタビューにプラスアルファで有益な情報も一緒に発信できたらと思っています。

年金の仕組みは複雑な部分もあるうえに、国のほうから積極的に教えてくれることはありません。『梅子の年金トーク！』を配信しだして一年以上経ちましたが、知れば知るほど、不親切な制度だなと思ってしまいます。もっと誰でも簡単にわかるような内容にしてほしいというのが本音です。

とはいっても、まずは、自分たちで勉強していくことも大事ですよね。『梅子の年金トーク！』が少しでも皆さんのお役に立てたら嬉しいなといつも思っています。

年金って何？　会社が年金に入っていなかった！

ここで私の話をさせてください。

私が、年金について考えるようになったのは、美容師としてある会社に勤めていたときのことです。

ある日、私のもとに「国民年金未納保険料納付勧奨通知書（催告状）」という年金の催促の文書が届き始めます。

「指定期限までに未納の国民年金保険料を納付してください」と書いてはありましたが、なにせ、こちらは支払うお金もなければ支払う義務があるとも思っていない状態です。催促の文書をずっと無視し続けていました。

すると、今度は「最終催告状」が届き、それも無視していたら最終的には会社に電話がかかってきました。

今度は「年金保険料を支払わないと給料を差し押さえます」と。

私は寝耳に水でした。なぜなら、そんなことといわれても、国民年金に入ってるとか入ってないとか、そこからしてわからなかったんですから。

そのうち会社のほうからも、ちゃんと年金払いなさいよ、といわれるようになりました。そんなことをいわれても、お金がないので払うことなんてできません。一部免除や猶予をしてもらったり、仕事終わりにアルバイトをして少しずつ支払うことでなんとか給料の差し押さえは回避できました。

おかしいですよね。普通、厚生年金に入ってるはずなのでは?? 株式会社の従業員である私が、なぜに国民年金の催促を受けるはめになっていたのでしょうか。そうです。その通りです。皆さまのご想像通り、私が勤めていた美容室の会社は社会保険に加入していないブラック企業だったのです。

これは法律違反で、悪質と判断された雇用主には刑事罰が科せられる場合がありま す。

なにが「ちゃんと払いなさいよ」だと、いま思い出しても笑ってしまいます。でもこれって昔の美容業界ではけっこうあるあるなんですよね。困ったものです。家庭のある先輩たちは、社会保険に入っていない会社のことをおかしいとわかっていたようですが、私は何保険があるのか、何年金があるのか、入っているとかいないとかもまったくわかっていませんでした。『梅子の年金トーク！』を始める前の私は、本当にこんな感じです。差し迫った危機じゃなかったので意識していなかったんです。先輩たちが掛け合ってくれて、会社が社会保険に入り、私も厚生年金に加入できたのは美容室に勤務して10年が経った頃でした。

そして夫ののりさんと出会って、結婚を期にそこの会社を辞めるまでの間に一年間だけ厚生年金に加入することができました。

たった一年間の加入でしたが、将来の年金額に少なからず影響するので、すごく大切なことです。

そして私はいま、老後の年金についてどのように考えているかというと、65歳から受給開始をする予定でいます。

ですが取材をして知り合った方々の話を聞いて、年金の受給年齢を繰り下げることも念頭に置いてはいます。

自分が何歳まで生きられるかはわからないのでとても悩みますね。

そして去年、私の誕生月には通常のハガキタイプのねんきん定期便ではなく、45歳の節目で届く、過去の履歴が詳しく掲載されている封書タイプのねんきん定期便が届きました。

それによると、いままでの支払いに応じた年金額は、私、梅子が一カ月3万円。のりさんが7万円といったところでした。

これは、いま現在の私たちが納めた年金額から計算した予測です。

このままいま現在と同じ収入で働いて、65歳から受給を開始した場合は、私が一カ月7万円。のりさんが14万円くらいになる予定です。二人で一カ月21万円。そこから引かれるものがどれくらいの額になるか、足りないぶんはどう資産形成するのか、やっぱり繰り下げようか、とかは60歳前後に話し合うことになるのかなぁと思っています。

まずは、長く仕事を頑張れるように健康でないといけないですね。

なぜ年金をテーマにしたのか

よく聞かれるのですが、私たちの職業はYouTuberです。YouTube一本で生活しています。

収入は不安定だし大変なことも多いのですが、自分たちでつくった動画がたくさんの方に観てもらえて、たくさんコメントしてもらえてダイレクトに評価されるのは、緊張感もあり楽しくもあります。

何より私たち夫婦に向いているなと感じています。

さて。では、なぜテーマを年金にしぼった番組をつくっているのかをご説明しますね。

年金って何？　それって美味しいの？というくらいの認識の私が、年金の番組をつくるようになったのには、理由があります。

それは、私自身に差し迫った危機が訪れたからです。

実は、『梅子の年金トーク！』を始める前、夫ののりさんは会社員からYouTuberに転身し、別のYouTubeの番組を運営していました。

当初運営していた番組は、キッズ向けのものです。キッズ向けのYouTube動画を10年ほど配信していました。

が！　どんどんYouTubeの規約が変更されていく中で、キッズ向けのYouTubeの規約も変更されていき、のりさんのチャンネルも影響をダイレクトに受けてしまいました。のりさんの番組は次第に広告が付かなくなってしまい、収益がなくなってしまったんです。

収入がゼロになるのは突然で一瞬のことでした。

私は焦ると同時に、めちゃめちゃ将来のことが不安になってきました。え。ヤバい。生きられるの？　子供たちを食べさせていくことはできるんだろうか、これから先どうしよう。お先真っ暗とはまさにこのときの状態をいうのでしょう。

お金のことを考える日々が続きました。私は美容師の資格がありますし、のりさんもどこかの会社に勤めることはできたと思います。それでも、私たちはYouTubeを選びたかった。

動画を撮るのは楽しいし、誰かが私たちの番組を観てくれているんだと思うと、すごく幸せな気分になれたんです。二人とも人とつながるのが好きなんでしょうね。大袈裟でなく、私たちは、YouTubeに生き甲斐を感じているんです。

節約の一環として、公的な支払いも細かく見ていくことにしました。ちょうどその頃、私は、あるテレビ番組のコーナーにハマっていました。一般の高齢者に年金の話を聞くというものです。

番組の内容は、年金をいくらもらっているとか、年金での暮らしかたなどでした。受給者の方たちの日常が興味深くて、いつも楽しみに観ていたんです。

YouTubeにこだわりたい私たちは、何とか次の番組をつくろうと模索していました。視聴者の方にとって有益でありながら、堅苦しくない番組がつくりたい。わかりやすい情報番組が理想です。その点は、私ものりさんも同意見です。

「私たちにできることで興味があることをやろう」そう決めて、番組のテーマを考えていたとき、「あれ、あの年金の話って動画にできないかな」と思い至りました。それからは、二人で何度も話し合いを重ねました。

この時点では、二人とも年金のことは全然知りません。これはまずい。年をとって年金受給者になることは、決まっていることです。いくらなんでも今後のことを考えると少しは勉強したほうがいいよねとなりました。知らなくてはいけない年金についての番組ならば、つくりながら学ぶこともできます。

仕事にもなって勉強もできるなんて、これはやりたいね！　そう話がまとまったんです。

これが、『梅子の年金トーク！』誕生のきっかけです。

番組をつくるにあたって調べていくうちに、年金アドバイザーという資格があることも知りました。習得できれば番組の内容も広がるので、いまは、資格取得も目指して頑張っています。

以上が、私たち夫婦の自己紹介と、『梅子の年金トーク！』という番組を始めるまでのお話になります。興味を持っていただけたら嬉しいです。

さぁ！　次からはいよいよ私たちが取材した年金受給者の方の生の声をお伝えしていきますよ。興味深いお話ばかりで、私はいつも時間を忘れて引き込まれてしまうんです。皆さんも、初めて知ることも多くて驚かれるんじゃないかな。

年金暮らしで、こんなことに困っているというお声や、もっとこうしておけばよかったという後悔などを本音でお話しいただいています。

この本では20人の年金生活者の方を取材しています。

インタビューしている私たちのほうが驚くような話も聞きました。

確かに、こわい話も悲惨な現実もありますが、すべて真実なんです。

最後まで目をそらさず、この本を読んでみてください。
真実を知る覚悟はできましたか⁉
『聞くのがこわい年金の話』スタートです。

『聞くのがこわい年金の話』　もくじ

第2章　生活保護という生きかた　53

第3章 あなたの会社はブラック企業!? 79

第4章
水商売の仕事の末路

第5章

意地悪なお役所と戦って

第6章

そして詐欺に騙されて　157

第7章 介護施設と年金 185

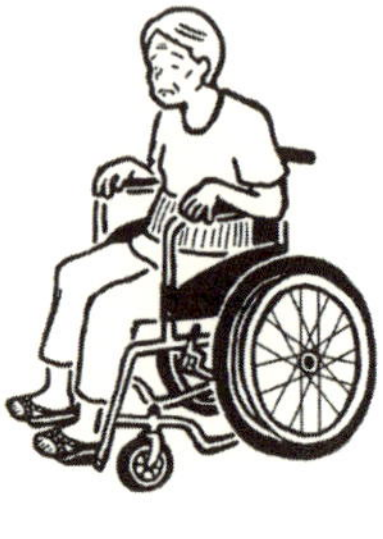

第1章
年金だけで暮らせるの？

もう限界です！

イラストレーター79歳男性の懺悔

年齢：79歳
性別：男性
職業：無職
家族：妻と二人暮らし
以前の職業：イラストレーター
自宅：賃貸
年金月額：10万円

仕事はいまはしていないんですけど、若い頃はずっと絵を描く仕事をしていました。コマーシャル関係のイラストレーターです。新聞広告に描くことが多かったですね。昔は、家具の広告なんていうと、写真を載せるよりも、絵で描いたりしたものなんですよ。いまは、ほとんどないですよね。世の流れです。昔あった絵の仕事なんていまは誰も必要としてないですもんね。

生活が苦しくなってきたのでちょっと働かないとならないんですよ。実は明日も面接なんです。年金はもちろん受け取っているんですけど、それだけでは生活が厳しいので働かないとならないんですよ。いままで、足りないぶんは貯金を取り崩してきたんだけど、貯金のほうも厳しくなってきたんでね。体が動く間は少しでも働いて年金の足しになればと思ってるんです。

いろいろやったけど、イラストレーターが長かったですね。最初はデザイン会社に勤めてね。そこは、電通の仕事が多かったから、電通経由の仕事なんてよくやりました。ポスターとかね。それから仲間と自分たちの会社を立ち上げました。そこには3年くらいいたかな。

その後はフリーランスで、ずっとひとりでやってきたの。それがね、リーマンショックで仕事がなくなってね。これはいかんと思って、急いで会社に勤めました。そのときには、けっこう年齢もいっていたし、絵を描く専門の仕事なんてなかったですよ。就けた仕事は、ホームセンターの警備員とか、交通の誘導員です。60代後半までは、そんな風に仕事を続けていましたね。

フリーのイラストレーターの期間が一番長いから、たくさんもらえる年金ではないんですよ。一カ月に10万円くらい。ずっと働いていた家内が同じくらいの年金をもらってるから、まぁなんとかやってきました。

家は賃貸です。マンション持ってたんですけど、生活が厳しくなって手放しました。コロナが流行るちょっと前ですね。いまはその部屋を借りて住んでいる状態です。家を売ればある程度まとまったお金が入ってくると思ってたんですけど、思ったような値段では売れなかったですね。住むのに便利でいい場所なんですけどね。

家内もいまは働いていません。実は、認知症が進んじゃってね。家でずっと私がみてきたんだけど、もう限界なんです。私がそばにいないと探しまくるんで、何もできないで、付きっ切りの生活です。

明日の面接が決まってくれたら、家内を施設に預けて働くことができます。認知症もレベル４だから、私ひとりでみるのはきつい時期に入ってるんです。もし仕事が決まったら、いま、ショートステイをお願いしているところでみてもらいたいと考えています。

明日の面接は警備の仕事です。もう80歳ですからね。そんな仕事しかないですよ。最初は絵の技術を生かした仕事を探したりしたけど、もうね。ＡＩ（人工知能）なんかもありますしね。仕事を奪われるじゃないですけど、なくなっていく職種って多いんじゃないですか。

ろくな政治家がいない国だけど、福祉は頑張ってもらってると思っています。それはありがたいです。上を見ればキリがないですしね。

インタビュー後のアフタートーク！

技術があるにもかかわらず、時代の変化やＡＩの普及により、経験を生かした仕事に就くことができないという話は、YouTubeを生業にしている身としては、他人ごとではないと思わされました。

認知症の奥さまを施設に預けるため、80歳を手前に働きに出なくてはならないという予想外の状況は、大変だろうと考えさせられました。時間の都合上、もっと話を聞くことはできませんでしたが、この方が働きに出て、夫婦別々に過ごすという方法しかないものだろうかと考えずにはいられません。

このような方をみんなで支え合える社会になるといいなぁと思ってやみません。

仕事は、単に収入を得るためだけでなく、人間にとって生きる意味の一つでもあります。何よりも好きなことだったり、人生のすべてだったりする人もいるくらいです。にもかかわらず、今後多くの仕事がＡＩにとってかわられるという研究結果が出ています。

２０１５年に発表されたオックスフォード大学の調査結果によると、今後10年から20年の間に、いまは人間がやっている仕事の約半分が、ＡＩにより失われる可能性があるということです。

人間よりＡＩのほうが向いていることは、分析と学習、言語、画像、音声の処理、同じ作業の繰り返しです。そのような特徴を鑑みて、今後消えてしまうといわれている仕事をいくつか挙げたいと思います。

・一般事務（年収３００万円）
・銀行員（年収６００万円）
・スーパー、コンビニ店員（年収３７０万円）
・警備員（年収３００万円）
・工場勤務者（年収３００万円）
・経理（年収３５０万円）

・プログラマー（年収４５０万円）
・タクシー運転手（年収３５０万円）
・配達員（年収４００万円）
・倉庫作業員（年収３５０万円）

皆さんのお仕事は大丈夫ですか？

年金格言　受給後も歩みを止めず、働く力が生活を守る！

すってんてんで、生活保護も断られ

元喫茶店契約社員
71歳男性の嘆き

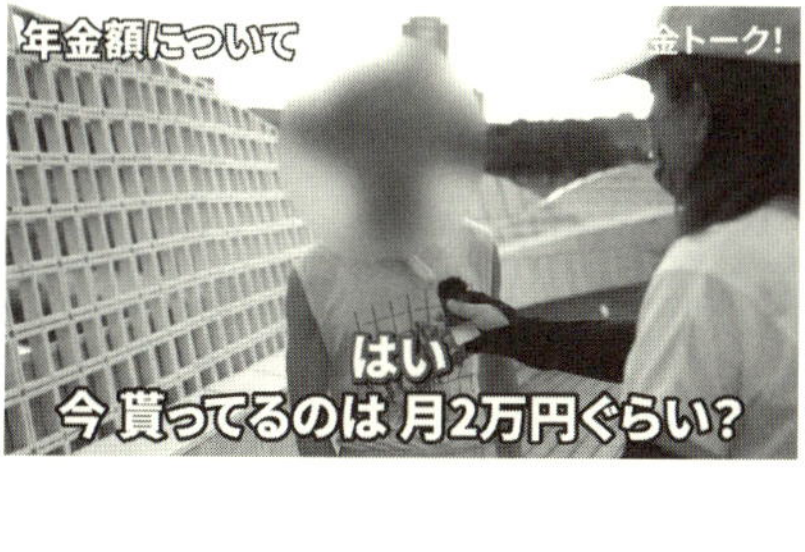

年齢：71歳
性別：男性
職業：投資家
家族：単身
以前の職業：喫茶店契約社員
自宅：持ち家
年金月額：２万円

普段しゃべらないからぎこちないかもしれないけど。

年金は65歳から通常通り受けとりました。月に2万円です。国民年金は納めてこなかったから、デザイン会社の社員だった10年間の間の厚生年金です。

これまでいろんな仕事をしてきたけど、一番長かったのは喫茶店です。経営じゃありません。契約社員かな。

いまは、仕事はしてないです。もう65歳から仕事はまったくないです。それまでは、ホテルの清掃なんかやっていましたけど、いじめが原因で辞めざるを得なくなりました。日中は投資をしています。株です。収入はあるときはあるけど、まぁ赤字ですね。投資歴としては長いです。35年以上やっています。

リーマンショックの前の年にアメリカのサブプライムローンっていうのがあったんですよ。大暴落でしてね。そのときに全部失っちゃいましたね。数千万円あった財産が全部なくなりました。

そのときに、親族に縁も切られましたね。呆れられちゃってね。「もう来ないでくれ」って。急に倒れられたりしても、面倒みられないから籍を抜いてくれっていわれたんで、籍抜いて。いま、そうなんですよ。どこでも。まぁ、そんなもんですかね。しょうがないなと思って。

それでも、すってんてんになった後盛り返して、マンションを買ったんです。ものすごくおんぼろなマンション。１００万円もしない。そこにひとりで暮らしています。貯金を取り崩したり、わずかな運用益で生活をしているといった具合です。

本当は不動産投資なんかがいいと思ってたんですけど、なかなか難しいですよね。投資のほうの利益はほんのちょっとですから。３年くらい前も１２００円で買った株が50円になったりしちゃいましたしね。

すってんてんになったときなんかは、生活保護の申請も考えたんですけど、相手にされませんでしたね。そのときは別の町に住んでたんですけど、役所の人たちは陰で笑ってましたよ。人のことをバカにして。話すら聞いてもらえなかったですね。結局、社会福祉協議会からお金を借りて、命をつなぎました。

われわれみたいな低年金者と生活保護受給者には差がありすぎて問題だと思ってはいます。生活保護は医療費もタダだしね。それでも、もう二度と申請に行こうとは思いませんね。無理です。バカにされたから。笑われて。

低年金生活者なんて蚊帳の外ですね。置いてかれちゃってる。非常に困っています。仕事も、若い人が来るまでのつなぎでしか雇ってもらえません。やっと見つかったと思っても、自分より若い人が来ると「もう来なくていいよ」っていわれるんです。あるなら仕事がしたいです。64歳まではあったんですけどね。

食事は、肉は鶏肉以外は食べないです。お金がなくて哺乳類の肉を食べられなくなっているうち、哺乳類食べるのってどうなのかなって思いだしちゃって。豚とか牛とかは食べないです。大食いのテレビなんて、あれはどうかなって思うんですよ。人間って優しい心が少し必要ですよね。

投資でプラスが出たら、２５０万円くらいのワンルームマンションを3つくらい買ってそれでやりくりしたいと思っています。命懸けですよ。

インタビュー後のアフタートーク！

この方の年金は、会社勤めしていた10年間の厚生年金のみで、月額２万円だということです。以前まで、老齢年金を受けとるためには、資格期間が原則25年以上必要でした。それが平成29年８月１日から、資格期間が10年あれば受けとることができるようになったんです。

資格期間とは、年金を納めた期間、免除された期間、合算対象にされるカラ期間をあわせた期間の合計で算出されます。

この方の場合、ちょうど10年に変更されたタイミングだったので、年金を受給することができたようで、よかったです。

もしも60歳までに受給資格を満たしていない場合や、老齢基礎年金を満額受給できない場合などで年金額の増額を希望するときは、60歳以降でも国民年金に任意加入することができます。

※厚生年金保険、共済組合等加入者を除く。
※申出のあった月からの加入となり、さかのぼって加入することはできません。

私は国民年金の未納期間があるので、60歳以降に任意加入できる状態だったら任意加入をして少しでも未納期間のぶんを支払って、老齢基礎年金の金額を増やそうと考えています。

この方は、現在トレーダーとして生活しているようですが収入は不安定で、貯金を取り崩しながらの生活は厳しいとおっしゃっていたのが印象的です。精神的にも疲弊して辛くはないかなと思いました。

昔、株で損をしてすってんてんになってしまったときに、社会福祉協議会にお金を借りたとおっしゃっていたので、社会福祉協議会について、少し説明します。初めて名前を聞く方も多いのではないでしょうか。

社会福祉協議会とは、高齢者や障害者だけでなく、母子家庭や、生活に困窮している人、さまざまな事情を抱えている人が、その街で暮らせるように、支援や事業を行っている地域福祉を担う組織です。

社会福祉協議会では、失業や減収などで困窮した人に対して、生活を立て直せるように支援する生活福祉資金貸付制度を行っています。低所得者や高齢者、障害者の方などが、安定した生活を送れるように、都道府県の社会福祉協議会が資金の貸し付けと、必要な相談や支援をしてくれるそうです。

いろいろな貸付制度があるようなので、お困りの方は、お住まいの市区町村の社会福祉協議会に相談してみるといいかもしれません。

年金格言　**納付期間が足りなかったら任意加入を検討しよう！**

コラム

いつまで生きるかわからんから

ご自分が年金受給者でありながら、障害のあるお子さんの介護をしているという男性のお話です。読んでみてください。

「いま75歳。いつまで生きてるかわからん。何があるかわからんから、年金は60歳からもらっています。月に16万円。妻が結婚前にちょこっと働いてたから、その妻のぶんも入れると二人で20万円くらい。これで足りるんかわからん。いまから病気するかもしれん。いらん出費があるかもしれん。どのくらい老後にいるかわからんけんね、なんぼか貯蓄はしてたよ。家は持ち家です。

仕事は65歳まで運送業をやってた。いやぁ。もう、事務とか企画とか。いまは、楽しみなんて何もない。公園を歩くくらい。若い頃は旅行もしてたけど、定年してからは旅行は行っとらん。ちょっと子供が悪くてね。

子供が弱かって、障害があって入退院とか繰り返してるからどこも行けてない。いまは、ちっと落ち着いちょるけん、入院はしてないけど、子供のことは継続しとる。入院はしてないけど、家で介護。妻と交代で付きっ切りでみとる。慢性の誤嚥性肺炎っちゅうかね。機械はつないでないけど、胃ろうにもなって。

子供の障害は、生まれたときからの障害だから、支援学級に行ってて、働いたことはない。障害年金はもらっとる。それでも、自分たちは、子供にできることは何もしてないから、何かあったら、姉ちゃんがおるけん、姉ちゃんにみてもらうしかないな。うん。それしかない。」

この制度は知っておく

インタビュー時、障害のある子供に親が掛ける「障害者扶養共済制度」のことを尋ねてみたら「知らな

い」とのことだったので、この男性にも、皆さんにも、ぜひ、お伝えしたいです。

障害者扶養共済制度とは、障害のある人の将来の生活を支援するための制度です。親などの扶養者が一定の掛け金を掛ける制度で、もしも、親などの扶養者が亡くなってしまった場合、障害のある人に一定額の年金を一生涯支給するという仕組みになっています。

支給金額は毎月2万円です。この2万円は、生活保護を受けるようになったとしても、収入認定からは外されるので、生活保護費に上乗せして受けとることができます。保護者が掛ける掛け金は、加入時点の保護者の年齢などによって決まるのですが、1口が月額9300円から2万3300円で、2口まで加入することができるのだそうです。※2024年10月時点

実は、この制度のことは、視聴者の方がコメントで教えてくださいました。私は知らなかったことです。そこで、障害者扶養共済制度について、YouTubeのコミュニティ機能を使って視聴者の方にアンケートをしてみました。

結果は、知っている11%、知らなかった88%。制度を利用している方については、わずか1%でした。

障害を持つ子供とのかかわりは、親として一生続いていくものです。それは年を重ね

ても、健康に不安が出てきても変わることはありません。

残される子供のためにも、どんなことができるのかを考えて選択肢を増やすことが、自分の安心にもつながるのではないかなと思いました。

障害者扶養共済制度について、詳しくお知りになりたいという方は、福祉医療機構のホームページを訪ねてみることをおすすめします。

老後の準備なにもしてません

物流関係パート
49歳女性の叫び

年齢：49歳
性別：女性
職業：物流関係パート
家族：バツイチ　子供一人、両親、叔母と同居
以前の職業：パート、派遣
自宅：実家
年金月額：5万円もない（予測）

年齢は49歳。年金はいつぐらいからもらうかは、ちょっとわからないです。仕事はしています。物流関係です。正社員ではないんです。非正規のパートタイムっていうのかな。これまでもずっと派遣とかで、正社員ではなく働いてきました。いま、簿記の勉強もしています。

バツイチで子供がいるんですけど、子供がちょっと、発達障害があって。うちはアスペ（アスペルガー症候群）です。やっぱり発達が普通の子より遅いので、しばらくはこんな感じの働きかたになるんだろうなと思っています。年収で2百何十万とかにならない限り、児童扶養手当が満額もらえるんで。

子供はいま、情緒級（※）に通っています。小学校1年生から情緒級に通っていたんですけど、ちょっと読み書きが苦手だからって2年生から5年生まで知的のクラスに入れられたんです。今年6年生で、情緒級に戻してもらいました。中学上がってからが心配です。いまあちこちの中学校の支援学級に見学に行ってるところです。

成長してるなと思うところもあるんですけど、癇癪がものすごくひどくて。勝ち負けにこだわるところが強くて、ゲームとかでも負けたらヒステリックに騒ぎ立ててるんです。どうしようもなくて、ほたってます（ほったらかし）。もう何いっても落ち着かない。放っておいたらそのうち落ち着くから。

いまのことで精いっぱいで、老後のことや年金については何も準備してないんです。国民年金の支払いは、免除してもらってるんですけど、受給するとき、そのぶん額が減るんで、ますます不安で。

本当は子供のために貯金をしたり、学資保険に入ったりしたいんですけど、そんなことも全然できていない状況です。子供には何も望んでいません。真面目に働いてくれればいいな。元夫が職を転々とする人だったので、それはやめてほしい。できたら一つのところで長く続けてくれればそれが一番安心できるかなって思いますね。

余裕ができたら免除になっている部分を少しずつ払っていきたいんですけど、子供の調子によって、働ける量が変わってくるのでね。

※情緒級「自閉症・情緒障害特別支援学級」のこと。特別支援学級の中でも、自閉症や対人関係の形成が困難な子供などが通う学級。知的障害がなく、コミュニケーションや情緒に不安がある子供が通う学級。

インタビュー後のアフタートーク！

親御さんとご実家で同居されているとのことで、本当によかったなぁと思いました。ただ、親御さんも70代か80代のはずですから、介護と育児のダブルケアなんてことにならないか少し心配です。この方も、親御さんも、健康で長生きしてほしいです。

現在は国民年金が免除されているとのことですが、これは国民年金保険料の免除制度を利用しているということになります。国民年金保険料の免除制度とは、収入の減少や失業などにより、保険料を納めることが経済的に困難な場合に、本人が申請書を提出して、承認されると保険料の納付が免除されるという制度のことです。

この方は全額免除ですが、そのほかにも４分の３免除、半額免除、４分の１免除があります。免除される額は前年度の所得によって決まります。

免除申請が通った方は、納付は確かに免除されます。でも、その代わりに、年金を受けとる年齢になったとき、満額受けとることができなくなるわけです。たとえば、全額免除の場合は、保険料を全額納付した場合の2分の1の額しか受けとることはできません。

つまり、40年間国民年金を払ってきた人が65歳からもらえる年金額は月に6万8000円（令和6年現在）ですが、40年間ずっと全額免除されてきた人の場合は3万4000円になるという計算になります。

免除のほかにも、保険料の納付猶予制度というものもあるので、ご紹介しておきます。

保険料の納付猶予制度とは、20歳以上50歳未満の方で、収入の減少や失業などにより、保険料の納付が経済的に困難だと判断された場合、保険料の納付が猶予される制度のことです。

納付猶予された期間は、将来の年金「額」には反映されませんが、年金を受けとるために必要な「受給資格期間」にカウントされます。

あくまでも、支払いを「猶予」してもらっているだけなので、余裕ができたらすぐに納付を始めることをおすすめします。

年金を未納のままにしておくと、老齢基礎年金がもらえなくなるだけでなく、障害や死亡など、不測の事態が生じたときの「障害基礎年金」や「遺族基礎年金」も受けとれなくなってしまう可能性があります。

経済的な理由で保険料を納付できないという場合は、お住まいの市区町村の国民年金担当窓口、もしくは、年金事務所に相談してみることをおすすめします。

年金格言

年金が払えないときは、免除制度か納付猶予制度を検討しよう。

第2章
生活保護という生きかた

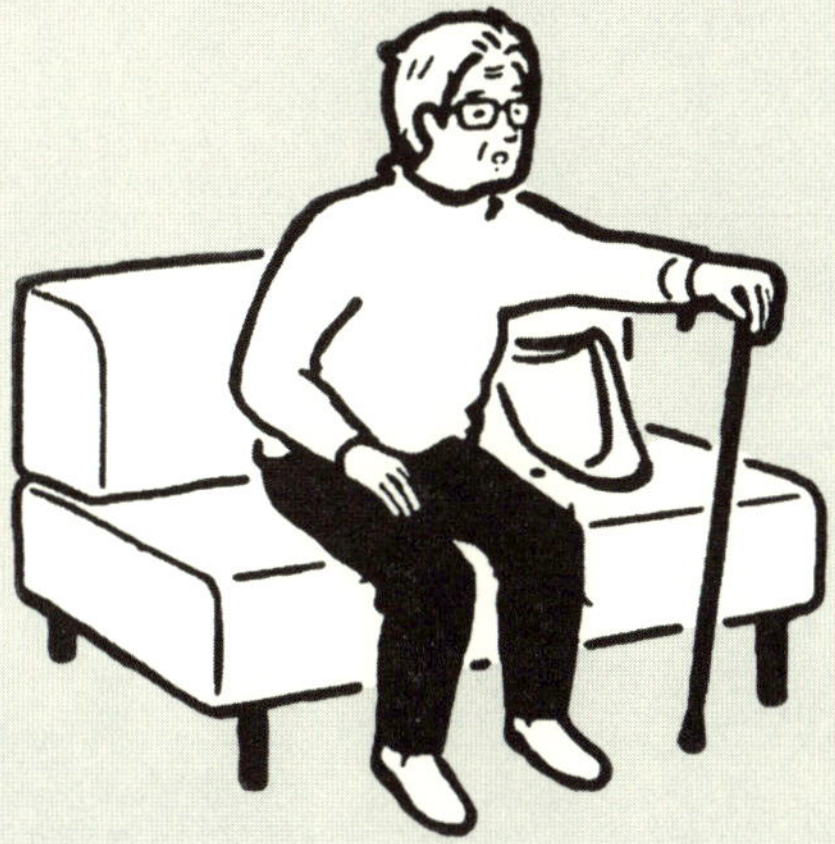

脳梗塞で倒れたから

元塗装職人65歳男性の居直り

年齢：65歳
性別：男性
職業：無職
家族：独身
以前の職業：塗装職人
自宅：賃貸（2万円）
年金月額：3万5000円（厚生年金）

顔さえ出らんなら、別にインタビューはいいですよ。

年齢は65歳です。年金の手続きはもう終わってる。来月から年金はもらえる。でもね、63歳から特別支給の老齢厚生年金をもらってるんよ。それはもうもらった。本格的な年金は来月から。

年金、本当は70歳くらいからもらいたかったけど、オレ、一昨年、青森で仕事しよって脳梗塞で倒れたんよ。六ケ所村って知らないやろうね。塗装の仕事で六ケ所村に行ってるときに脳梗塞になったの。で、仕事がもうできなくなって年金をもらうようになったんよ。少しでもいいからお金がいるじゃないですか。だから、安くてもいいからとりあえずもらった。

70歳くらいまでは働けるからって考えてたけど、ひょっとしたら来年あたり死ぬかもわからん。目の前にある金をまずもらうことが大事なのよ。少なくても。

六ケ所村での仕事は、核燃料関係のものだったから、入るのにもかなり難しい試験があったし、お給料もよかった。仕事の内容は鉄骨に色を塗るだけだったけど、入るハードルは高かったんだ。でも、脳梗塞でどうにもならんから、辞めてこっちに来てぼちぼち生活してます。

　塗装の仕事だと、高いところに登ることがあるんですよ。いまでも立つとふらつくから続けるのは難しい。たとえば、物を持って足場に上がって、ふらついたときに上から物を落としたら大変なことになる。ペンキをこぼしたりもダメだし。自分だけで済まなくなるから、仕事はしないほうがいいんですよ。

　要するに仕事ができないから、生活保護もらってますよ。月に9万ちょっとやね。そのうち家賃が2万円。審査はすぐに通ったよ。オレはなぁんも持ってないから。車も土地もなぁんも持ってない。審査のとき家に来た役所の人はそこら辺を見てたね。「ああ、なんもないですね」って。

　オレは出張が多かったから家に家財道具もなぁんもなかった。そうしたら、役所の人に、3万円ぶんお金を出すから家財道具を購入してくださいっていわれた。それで、電子レンジとか洗濯機とか冷蔵庫とか買ったよ。

　その後、親兄弟に「生活保護の申請があったけど、お宅で面倒みられませんか」って連絡がいった。オレは、事前に「面倒みきれない」っていうように電話で連絡しといたけどね。

生活費プラス医療費は全部タダ。薬が高いのよ。オレ、脳梗塞の薬と高血圧の薬と飲んでるけど、薬だけで一日６００円から７００円ぶんくらい飲んどるもん。ジェネリック薬がない新薬飲んどるからね。別にオレが払うんじゃなくて役所からお金がいくからね。自分で払わなきゃならないんなら、ちょっと考えるけど。申し訳ないからジェネリックにしようって考えはない。それはない。

高い薬でも飲んで治ったら、また働けるもん。でも、いまのところ治る見込みはないけどね。人間ってね、みんな欲張りでわがままなんですよ。何か事件があって、誰かがケガをするとか死ぬとかってなったら、まぁず自分が助かりたいと思うでしょ。

体を動かさない仕事でもできたらいいなんていう人もいるけど、仕事したらそのぶん生活保護費から引かれるでしょ。薬代とか病院代とか考えたら10万円くらいにしかならない仕事ならしないほうがマシなんだ。

年金をきちんと払ってなかったから、倒れたら生活保護になるんだろうなとは思ってたしね。ハハハハ。

インタビュー後のアフタートーク！

生活保護は国民全員が平等に持つ権利の一つであり、年金と同じく、誰かが困ったときにみんなで支え合う制度です。本当に必要な方には行き届いてほしいなと考えています。

この方は、不正受給しているわけでもないし、病気を治して働きたいともいっているので、受給されていること自体には、なんの文句もありません。ただ、生活保護は国民の税金から支払われていて、みんなが同じようにもらっているわけではないことを忘れないでほしいです。

恩に着て生きろとまではいいませんが、もう少しだけ感謝の気持ちが見えるといいなと思ってしまいました。いまの生活保護制度は、受給者の働き控えを引き起こしてしまっています。

生活保護は、薬代も医療費もタダと、とかく免除されることが多い制度です。ですから、働ける状態になったとしても、生活保護受給者の方たちは「働いたら損」と思って働くことを躊躇してしまうわけです。これでは、保護から抜け出すことができません。

現行の仕組みでは、なんの落ち度もない生活保護受給者の方まで批判の目で見られてしまう可能性があります。それはよくないなと思うのです。

国民全員が納得する制度でなくても、せめて、国民の半数以上が納得するような制度に変えていってほしいなと思います。

年金格言　**生活保護費は国民の血税！　感謝の気持ちを忘れずに。**

オレは人をシバくのが好き

元建築作業員
51歳男性の甘え

年齢：51歳
性別：男性
職業：無職
以前の職業：建築関係・日雇い・調理師
自宅：賃貸2万7000円

オレは生活保護だから。一カ月９万円。家賃は２万７０００円か。顔出してもいいよ。日本全国にオレのファンがおるけん。いや、オレは中学のときちゃんとファンクラブがあったんよ。オレが「イエーイ」っていったら「キャー」っていわれたもんや。年は51歳。47歳くらいから生活保護に入ったんだ。もともと持病があったんだけど、仕事で広島に行ったときに、２階建ての高さくらいのところから落ちてから。それで、足を陥没骨折してから。左足はいまも電気当ててる。ほかはみんな手すりついてたんだけど、オレが落ちたそこだけがたまたまついてなくて、そのままシュッて足から落ちていったの。

その障害がずっと残っとるけん、電気当ててるの。手術しとっと。入院してたとき、ひどいこといわれた。「もう退院してください」って。だから「歩けへんのに、どうやって退院すっとかぁ」っていい返した。

そのとき、オレはアパートの４階の部屋を借りてて。「オマエ、４階まで行ったり来たりどないするん？」っていったら「ああ。いや、わかりました」っていって、入院が長引いた。

実家は勘当されてるから、ひとりだ。顔見たらわかろう。昔はヤンチャなんてもんじゃなかった。人をシバくのが好きやったから。目が合ったらシバきよった。いまは、脳みそがちっちゃくなったから、丸くなった。物忘れもひどい。

一番長くやった仕事は調理師や。20年はやっとう。厚生年金は途中から払ってない。違うところ行ったりしてるけん。生活保護から抜け出したいとも思うけど、足が動かんけん、甘えるしかない。

医療費も薬代もタダだからって生活保護の人たちは、みんな病院に行くな。でも、オレはそんなに行かん。それでも、病院のほうから「来い、来い」っていわれるんよ。なんでだろうな。

友達も彼女も誰もおらん。生活保護のとりかたをオレが教えてやった仲間も寄りつかん。あー。病院の帰りやけん、めっちゃ喉が渇いたんよ。ちょっとチューハイ買ってきて。

インタビュー後のアフタートーク！

ケガで仕事ができなくなってしまったことは、とても気の毒だなぁと思います。でも、生活保護で、昼間からお酒を飲んでタバコを吸っている生活では、やはり反感は買ってしまうなとも思いました。

いままでの行動の積み重ねが「いまの結果」だと思うと致しかたないとも感じますが、だからといって、社会が見捨てていいとは思いませんし、本当に生活保護の問題は難しいなと感じました。

たらればの話にはなってしまいますが、広島に行ったときのケガは労災の対象になった可能性が高いようです。労災保険は治療費のみならず、障害が残った場合の給付など非常に充実した制度なので、そのときにしっかり対応されていれば、いまの生活はもう少し違ったはずです。あるいは、支えてくれる誰かが身近にいたら、違う結果になっていたかもしれません。いまさらなんてことはないので、これからは正しく真っすぐな行動を積み重ねていってほしいです。

一つ気になったのは「病院から来い来いいわれる」という点です。これには、貧困ビジネスが頭をよぎりました。

生活保護受給者の医療費は、公費から全額負担されるので、とりっぱぐれがありません。加えて万が一トラブルが起こったとしても、身寄りのない方だと、問題になりにくいということもあります。そんなところから、金儲け主義の病院に目をつけられたり、ターゲットにされてしまうのかもしれません。これは、病院の闇です。

誰かに利用されないためにも、やはり、生活保護の医療費は完全に無料にしないほうがいいのではないかなぁとあらためて思いました。

インタビュー教訓　貧困ビジネスには気をつけよう！

月8万円ギリギリの生活

飲食店パート69歳女性の後悔

年齢：69歳
性別：女性
職業：飲食店パート
家族：単身
以前の職業：飲食店パート
自宅：賃貸
年金月額：2万5000円

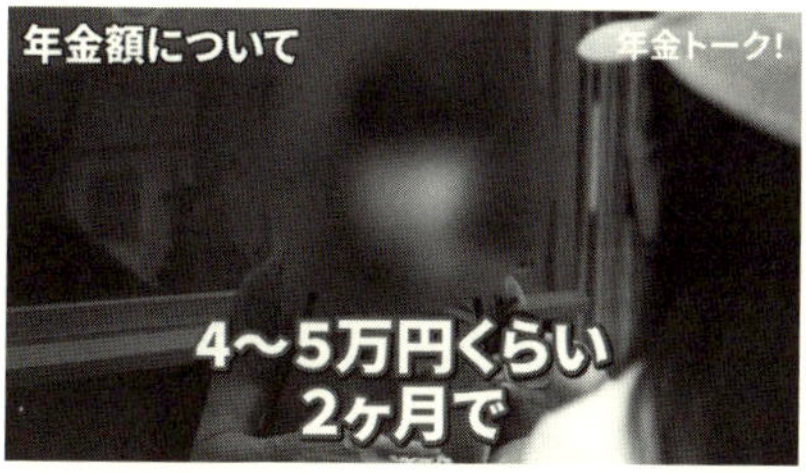

年齢は69です。年金は65から受けとっています。うん。はい。いまも仕事をしています。ウェイトレスっていうのかな。洗い場と料理を出したりとか。いまの職場は3年くらい。それまでも、やっぱり同じ仕事。正社員じゃありません。パート。ずっとパート。

年金額は、ちょっと。ふた月で4、5万円くらい。国民年金です。給料は6万ちょいかな。それで、賃貸の家賃は3万2000円。生活ギリギリっていうのかな。貯めることは難しい。

市営住宅に住みたいけど、くじ引きでしょ。なかなか当たらないんですよ。2回くらい行ったんだけど、ダメだったんですよ。病院に通ってるからなるべく病院の近くに住みたいしね。

元気なとき、若いときにお金を貯めとけばよかった。若さに任せて使ったからね。後悔はいっぱいある。若さっていつまでも続かない。いずれ跳ね返ってくるから、いまの若い人は、手に職をつけておいたほうがいいと思うね。

いざとなったら生活保護をもらおうと思ってるかもしれないけど、これからそんな人たちがどんどんどんどん増える。そうすると、国も出せなくなってくるかもしれない。遊ぶのはいいよ。でも、少しでも貯めておいたほうがいい。自分のためになるから。私がそれで後悔してるから。

いまは、楽しみっていうのはないねぇ。インコを飼っててそれが懐いてるから。癒し系っていうのかな。それかな。

インタビュー後のアフタートーク！

給料と年金をあわせて月に８万円。そのうち家賃が３万２０００円ですから、生活費は月に５万円ということになります。かなりギリギリの生活です。

過去にこの方のように、年金が少ない人にインタビューをしたことがあります。その動画を観た視聴者の方から「生活保護申請をして、差額を受け取れることを教えてあげてほしい」というコメントが来たことを思い出しました。

インタビュー中、この方にも、生活保護申請ができることを知っているか聞いてみたのですが、「知らなかった」という返答でした。

年金を受給していると、生活保護を受けられないと思っている方もいるようですが、年金の額が少なくて生活に困窮している場合も、生活保護の対象になるので、覚えておいてください。

ただし、生活保護を受けるにはいろいろな条件を満たす必要がありますし、生活保護以外のあらゆる制度を利用しても、解決しない場合にしか受けることはできません。そのことも充分に理解しておく必要があるでしょう。

まずは、福祉事務所に相談です。忙しい日々の中では、心の余裕もなくなって、思考停止してしまうこともありますが、相談することで問題解決につながることがあります。

今回の女性も「知らなかったから助かりました」とおっしゃってくださり、とても嬉しかったです。

今後もインタビューをしていて、お伝えできそうなことがあれば、失礼にならない程度に皆さんに伝えていこうと思います。

年金格言

年金を受け取っていても、生活保護申請はできる！

コラム

生活保護はお得なのか⁉

取材をしていて、思ったより生活保護の方がいることに驚いています。それだけ、苦しい人が多いのでしょう。そうならないように、準備をしていても、どんな不測の事態が起こるかわかりません。ここでは、生活保護について少しお伝えしたいと思います。

生活保護制度は、生活に困窮する方に対し、その困窮の程度に応じて必要な保護を行い、健康で文化的な最低限度の生活を保障するとともに、自立を助長することを目的としています。

生活保護の相談・申請窓口は、現在お住まいの地域を所管する福祉事務所の生活保護担当です。福祉事務所は、市（区）部では市（区）が、町村部では都道府県が設置しています。

（注）福祉事務所を設置していない町村にお住まいの方は、町村役場でも申請の手

続きを行うことができます。

（注）一部、福祉事務所を設置している町村もあります。

生活保護ってどうすれば受けられるの？

▪保護の要件等

生活保護は世帯単位で行い、世帯員全員が、その利用し得る資産、能力その他あらゆるものを、その最低限度の生活の維持のために活用することが前提でありまた、扶養義務者の扶養は、生活保護法による保護に優先します。

▪資産の活用とは

預貯金、生活に利用されていない土地・家屋等があれば売却等し生活費に充ててください。

▪能力の活用とは

働くことが可能な方は、その能力に応じて働いてください。

■あらゆるものの活用とは

年金や手当など他の制度で給付を受けることができる場合は、まずそれらを活用してください。

■扶養義務者の扶養とは

親族等から援助を受けることができる場合は、援助を受けてください。そのうえで、世帯の収入と厚生労働大臣の定める基準で計算される最低生活費を比較して、収入が最低生活費に満たない場合に、保護が適用されます。

■支給される保護費

厚生労働大臣が定める基準で計算される最低生活費と収入を比較して、収入が最低生活費に満たない場合に、最低生活費から収入を差し引いた差額が保護費として支給されます。

■保護の種類と内容

次のように、生活を営む上で必要な各種費用に対応して扶助が支給されます。

生活を営む上で生じる費用	扶助の種類	支給内容
日常生活に必要な費用（食費・被服費・光熱費等）	生活扶助	基準額は、 ① 食費等の個人的費用 ② 光熱水費等の世帯共通費用 を合算して算出。 特定の世帯には加算があります。（母子加算等）
アパート等の家賃	住宅扶助	定められた範囲内で 実費を支給
義務教育を受けるために必要な学用品費	教育扶助	定められた基準額を支給
医療サービスの費用	医療扶助	費用は直接医療機関へ支払 （本人負担なし）
介護サービスの費用	介護扶助	費用は直接介護事業者へ支払 （本人負担なし）
出産費用	出産扶助	定められた範囲内で 実費を支給
就労に必要な技能の修得等にかかる費用	生業扶助	定められた範囲内で 実費を支給
葬祭費用	葬祭扶助	定められた範囲内で 実費を支給

これが生活保護の手続きの流れ

（厚生労働省ホームページ・生活保護制度より抜粋　2025年1月現在）

1 事前の相談

生活保護制度の利用を希望される方は、お住まいの地域を所管する福祉事務所の生活保護担当までお越しください。生活保護制度の説明をさせていただくとともに、生活福祉資金、各種社会保障施策等の活用について検討します。

2 保護の申請

生活保護の申請をされた方については、保護の決定のために以下のような調査を実施します。

・生活状況等を把握するための実地調査（家庭訪問等）
・預貯金、保険、不動産等の資産調査
・扶養義務者による扶養（仕送り等の援助）の可否の調査
・年金等の社会保障給付、就労収入等の調査

・就労の可能性の調査

3 保護費の支給

・厚生労働大臣が定める基準に基づく最低生活費から収入（年金や就労収入等）を引いた額を保護費として毎月支給します。
・生活保護の受給中は、収入の状況を毎月申告していただきます。
・世帯の実態に応じて、福祉事務所のケースワーカーが年数回の訪問調査を行います。
・就労の可能性のある方については、就労に向けた助言や指導を行います。

4 申請に必要な書類

生活保護の申請をするにあたっては、原則として、氏名や住所又は居所、保護を受けようとする理由、資産及び収入の状況、その他保護の要否、種類、程度及び方法を決定するために必要な事項等を記載した申請書を福祉事務所に提出していただく必要があります。ただし、それができない特別な事情があれば、そうした申請書がなくても申請することができます。

生活保護制度の仕組みや各種社会保障施策等の活用について十分な説明を受けるた

めにも、生活保護担当窓口での事前の相談が大切です。

なお、生活保護の申請時の調査において、世帯の収入・資産等の状況がわかる資料（通帳の写しや給与明細等）を提出していただくことがあります。


生活保護は最後の頼みの綱です。国も潤沢にお金があるわけではないので、働ける人には働いてほしい。本当に必要な人にだけという考えがあるのでしょう。申請をしても、受理してもらうことは難しいと聞きます。生活保護費の出どころは、私たち国民の血税なので、安易に受給できたら、困っちゃいますもんね。

もう生活保護しかないとなってしまった場合は、市区町村の福祉事務所、生活保護担当窓口に相談してみてください。これは取材している中で教えてもらったのですが、申請を受けつける、跳ねのけるなどは、担当になった職員の方によってずいぶんと違いが出てくるんだそうです。

一度ダメでも職員の人が変わったら通ったとか、親身になってアドバイスをくれたという話も聞きました。どうしてものときはあきらめない姿勢も必要なのかもしれません。

ネットを検索すると「生活保護申請代行」「生活保護申請サポート」などの業者がたくさん出てくるのですが、すぐに飛びついてはダメです。まさに貧困ビジネスと結びついていて、生活保護は通ったけど、ほとんど家賃として取りあげられてしまうとか、タダ働きさせられるなどの危険性があります。

世の中には、弱者をターゲットにした詐欺も横行しているのです。たとえＮＰＯ法人と書いてあっても安易に信用しないでください。設立するのは意外と簡単で、詐欺のために法人の資格をとる業者もいるそうです。

困ったら行政を頼ると安全です。

第3章
あなたの会社はブラック企業!?

会社が雇用保険をかけてなかった

元陸上自衛官61歳男性の失敗

年齢：61歳
性別：男性
職業：フェリー（船）の掃除
家族：独身
以前の職業：陸上自衛隊
自宅：社宅（家賃0）
年金月額：7万円（予想）

インタビュー答えるの？　お金かかるんですか？　かからないなら別にいいですよ。年齢は61です。年金はまだ受けとってません。ちょっとトラブルがあったから65歳からしかもらえないんです。

60歳から年金もらえるんでね、60歳になったとき社会保険事務所に行きました。そうしたら一つだけ足りなかったんですね。「雇用保険受給資格者証」っていうのがいるっていわれました。

社会保険事務所の人がいうには、あなたの会社は雇用保険を払ってないから、年金は払えませんって。そういわれても勉強不足で意味がわからなかったです。1000万円も掛けたんだからどうにかなりませんか？って銀行口座をコピーして持っていったりしたけど、ダメでした。法律は変えられませんって。会社からは、いまはもう入ったって聞いてます。はい。

船の掃除をしてるんです。フェリーのね。お皿を洗ったり。今月は休みなしで働いてます。お客さんが降りたら、船に入ってお茶碗を洗うの。もうね、すっごい量ですよ。600名、700名分だから気が狂いそうになりますよ。一枚一枚手洗いで。手洗いで洗った後、食洗器を通すんです。殺菌とか消毒とか。船の清掃を請け負っている会社に勤めてるんです。

この会社に入ってからは8年です。今年の3月からこの場所で働き出して5カ月。前の勤務地のときは、きつかったですよ。死ぬかと思ったですよ。ここになって、給料も半分になったけど、仕事量も半分になったから楽です。毎朝、出勤前に船が入ってくるのが見える公園で新聞を読んでます。朝が早いんで。ひとりだから。61年ずっとひとりです。

前は自衛隊で。19歳から54歳まで自衛隊にいました。定年です。自衛隊、定年早いんです。いまは56歳まで延びたんかなぁ。年がいくと、もう鉄砲持って走れないから。戦争で使いものにならないから、定年が早いんです。階級によっても定年の年齢は違うんですけどね。少佐から上になると5年くらい延びるのかなぁ。

自衛隊を定年退職した人たちは、ほかで働いてる人たちが多いです。そのために、自衛隊の中のハローワークみたいなところがある。援護センターっていうところで仕事を紹介してくれます。仕事のリストがあって、その中から希望する勤務地とか、内容とか、勤務時間なんかで選んで。

自分は朝早いのが習慣になってるから、いつも朝3時には起きるから、早朝から働ける仕事を選びました。休みの日でも朝3時に起きる。それで、いまの仕事なの。はい。

65歳から自分がもらえる年金ですか。いやぁ、わからないです。掛けた額は１０００万円くらい。長期共済とか、自衛隊の年金の保険。紙を見たらそれぐらいの額を掛けてました。もう年金をもらってるほかの人に聞いたら月々7万円ぐらいでした。自分は7万円ももらえるのかなぁ。まだ、インターネットでちゃんと調べてないからわからないです。

自衛隊で独身だと貯金がすごいありそうっていわれるんですけど、自分は若いときに競馬にのめりこんでずいぶんお金を使ってしまったんです。それに、女の子。女の子が好きだったからお金なんて水の泡でした。

それでも、34年間勤めた退職金が１２００万円ぐらいあったから、それは全部貯金してます。老後に向けてやってることはそれぐらいです。はい。まだ働けるから、働きながら貯金を続けていくつもりです。

インタビュー後のアフタートーク！

自衛官の定年がそんなに早いとは知りませんでした。驚きです。

自衛官という職業は、定年が早いぶん、厚生年金の加入期間が一般の職業より短くなってしまいます。そのぶん受けとれる年金額が少なくなってしまうので、退職後にも、この方のように再就職で働く人が多いんだそうです。

この方は、勤務する清掃会社が社会保険に未加入だったこともあり、60歳から年金を受けとることができなかったのですが、私も同じ経験があります。法人会社でありながら、従業員が社会保険に未加入の状態であることは少なからずあるようですので注意が必要です。雇用主側からすると、従業員を社会保険に加入させると、会社負担のお金が増えるので、入れたくないのが本音なのです。

しかし、一部の業種を除くほぼすべての法人事業所、または従業員を常時5人以上雇用している個人事業所は、健康保険や年金といった社会保険に加入することが法律で義務づけられています。未加入でいることは、法律違反なのです。

もしも、勤めている会社が社会保険に未加入だった場合、本来受けとれるはずの年金額が受けとれなくなる可能性があります。会社が社会保険に加入してくれないときは、お近くの年金事務所に相談をしてみてください。

年金格言

加入期間の確認は必ずしよう！

年金なんてバカにしていた

元クラブ勤務
82歳女性の無念

年齢：82歳
性別：女性
職業：無職
家族：独身(死別)
以前の職業：クラブ勤務
年金月額：7万円(夫の遺族年金、本人は0)

82歳です。仕事はしとったけど、私、全然掛けてなかったんよ。若いときは、年金なんてバカにして。掛けてなかったから、自分の年金はないの。去年、主人が亡くなったから、あれ、主人の遺族年金をもらってるの。主人は船関係の仕事をしとったんよ。

まだ2回くらいもらっただけよ。2回は確認したけど、あとは放っておいてる。二カ月で15万円くらいあったかなぁ。そうすると一カ月7万円じゃろ。

扶養っていうのもよくわからん。夜働いとったから。クラブに勤めてたの。経営者じゃないよ。勤めで働いてた。二人で働いて、それを置いとったから、それをいま砕いてね。あんまり長生きしたらのうなるけど。年金だけじゃ全然食べられんもん。

60歳までクラブで働いてたけど、体を壊した。タバコを吸ってたから肺がんになった。いまも病院に行ってきたばかりよ。お酒とタバコが原因。職業がらよね。

年金は掛けておいたほうがいいね。掛けんかったら私みたいにバチが当たるもん。本当に掛けておけばよかったと思ってる。私が20代の頃は、確か300円くらいだったもん。一番安くていいときだったはず。残念です。少し昼働いてたから一年ちょっとはあるんだけど、年数が足りなすぎて何もならない。

昼の仕事を辞めて、クラブで働き始めてから、友達が「年金掛けよう、掛けよう」って誘ってきたけど「いいや。いい、いい」っていってしまったね。年金のことなんて、頭になかったもんでね。私くらいの年の、80歳より上の人間は、年金を掛けとったら、しっかりもらえたんだ。年金はバカにしたらいけんよ。

肺がんもね、一回切ったんだけど、また再発しよったんよ。3年前に切ったんだったっけな。すぐ再発して。がん保険も入ってなかったね。がん保険も入っておけばよかった。これも安かったんよ。２００円から３００円くらいだった。でも、バカにするやろ。若い頃は自分が元気がいいから。保険に入っとったらまとまった金額がもらえたのに。

インタビュー後のアフタートーク！

現在の制度では、20歳以上の人は年金への加入は強制ですが、いわゆる「サラリーマンに扶養されている配偶者で20歳以上60歳未満の方」については、昭和36年４月〜昭和61年３月まで、国民年金への加入は任意だった時代がありました。

そのため、年金に加入していない無年金者の方は、意外と存在するんです。

年金制度では、無年金者をなくすため、任意加入制度というものを設けています。任意加入制度とは、60歳までに老齢基礎年金（いわゆる国民年金）の受給資格を満たしていない場合や40年の納付済み期間がない場合でも、年金額の増額を希望するときには、60歳以降でも国民年金に任意加入できる制度のことです。任意加入できる上限の年齢は65歳未満（受給資格を満たさない場合は70歳未満）になります。

国民年金の加入期間が一年増えると、年金は年に約２万円増えます。国民年金保険料の金額は令和７年度から一カ月あたり１万７５１０円なので、一年間任意加入をした場合、21万１２０円という額を支払うことになります。そんなに払って２万円しか増えないのかと思うかもしれません。

この数字だけ聞くと、任意加入のお得感はあまり感じないかもしれませんが、約10年間で元がとれる計算なので、私は60歳になったら任意加入をして受給額を増やしたいなと思っています。

私と同じように、任意加入を考えている方には、一緒に付加年金に加入することもおすすめです。

付加年金とは、国民年金に加入している方を対象とした年金の上乗せ制度のことをいいます。国民年金保険料に月に400円を上乗せして支払うと、受けとれる年金の額が増えるという仕組みです。増額される年金額は「納付月数×200円」です。

たとえば60歳から65歳になるまでの5年間付加年金に加入すると、5年間で2万4000円の支払いで、年金が年額1万2000円増えることになります。つまり2年で元がとれるわけです。ものすごくお得な制度ですよね。

年金は一生涯受けとれるお金です。もし、まだ受給前で、何かしらの対策ができるのであれば、任意加入や付加年金を検討してみてください。

年金格言 **国民年金保険料にプラスする付加年金は2年で元が取れてお得。**

50人の職場で総いじめにあった

元小学校教員
79歳女性の主張

年齢：79歳
性別：女性
職業：活動家
家族：死別
以前の職業：小学校教員
自宅：持ち家
年金月額：19万円

79歳！　今年80歳になりますよー！　以前は小学校の教員です。60歳まで満期行きたかったんだけど、ちょっといじめにあってね。こんな話すると、とっても恥ずかしいことなんだけど、教員の世界っていうのは特殊なところでね。

社民党ってわかるでしょ。教員の世界っていうのは社民党を推してますって団体だったわけ。だったってね、いまもそうだと思うけど。あたしはね、それおかしいって職場でおおっぴらにいってたからね。そんな風に思想信条を組合が決めるのはおかしいんじゃないのってね。

いろんな思想を持った人がいる中で、自分たちの生活と権利をどう守るかっちゅうために、組合はあるんよ。だのにね、こうじゃなきゃならない！なんていうのはおかしいでしょう。あたし、それ堂々といいよったわけ、職場でもね。

そしたら、ほら、自分たちの推す社民党の悪口をいうあの人、許せんってなったわけよ。50人の職場でよ、総いじめにあったわけッ。50歳で行ったんかな。定年までの最後の職場になるところだった。行ったばっかりでいじめにあったの。

あのね、働く母体っていうのがね、どこの政党を推すのかってことは、すごく重要になってくるの。政党の色に沿うように動こうっていう考えがあるわけよ。それはいまでもあります。それを守らないといじめにあうわけよ。

いったら恥ずかしくなるような、あからさまないじめよ。お食事会にあたしだけ呼ばれなかったり、学年会の場所を勝手に変更して、それをあたしにだけ教えなかったりね。あたし、学年長だったのによ。本当に幼稚で表に出したら恥ずかしいんよ。

それで、うつ病になって、にっちもさっちもいかんようになった。入退院の繰り返しで、9年間、あたし寝込んだんですよ。精神病院、心療内科に9回入院したんですッ！　それで退職の2年前に辞めたんです。58歳で辞めたよね。

あたしね、辞めてから結婚したんですよ。あたしが60歳で相手が70歳。結婚してくれっていうときには、あたしの年の数ほどの赤いバラを抱えてやってきてね。うつ病でグデングデンになってるあたしを支えてくれた。「きっと治してやる」って病院に連れていってくれてね。本当に64歳でうつ病が治ったの。

それで、ちゃんと結婚式してくれてね。こんな年のばあちゃんに、角隠し、綿帽子、かんざし、白無垢。全部してくれた。すごくお金掛けてくれてね。あたしね、40歳50

歳で結婚してない人にいうのよ。どんな年にでも出会うことはあるからって。背中伸ばしてきちっと生きてたら必ず自分に合う、添える相手はいるよっていうんだけどねぇ。

夫はもう亡くなりました。肝臓がんでね。結婚生活は10年間でした。本当に短い間だったけど、いろんなところに行きましたよ。素晴らしい人でした。

夫がね、年金のこともよく話してた。無年金者なんていちゃいけないって。あたしもそう思いますよ。年金は、どっかからぶんどりよるんじゃないのよ。働いてる間にね、あたしたちが掛けていたわけよ。「あんたたち多いけんいいよね」なんていう人もおるけど、それだけの額を掛けてきたわけよ。で、自分たちの老後がこれで守られるんよって思ってやってきたわけでしょ。日本は、皆あたしたちに負担させてるもん。老後も自分たちの年金を減らされたりしたら、それはとんでもないことだもんね。

あたしと同じくらいの年で平で終わった教員なんかの年金は月に20万円くらいだね。あたしはそれより少ない。早く辞めてるし、病気したりしてるからね。生活はできるけど、貯金なんてとてもできないよ。いじめがなければ、辞めることもなかったから、年金だって満額もらえたのにって思う。

生活ギリギリだから、介護に行くお金はないんよ。あたしの友達がね、老人ホームをいろいろ調べたんよ。そしたらいま、月に25万円かかるんだって。行かれん。あたしたち入るとこないわ。特養なんて絶対入れんしね。もうね、900人待ちくらい。

年をとったらいまよりもっとお金がかかる。老人ホーム代に、プラスでおむつ代とか生活用品代がいるわけよ。そうすると、とてもいまの年金では入れないわぁ。それなのよ、問題は。最後、年金で老人ホームにも行けないなんて。ねぇ。

インタビュー後のアフタートーク！

厚生労働省の「国民年金事業の概況（令和4年度）」によると、国民年金の平均月額は約5万6000円となっています。これは受給資格期間を25年以上有する人の平均です。受給資格期間が25年未満の人たちだけで見てみると、平均月額は約1万9000円となっていて、大きな開きがあることがわかりました。

私は、このアフタートークで、年金に関する有益な情報を皆さんにお伝えしたいと思っています。取材を受けてくれた女性が「国民年金は3万円」と会話の中でおっしゃっていたことから「そういえば国民年金の平均額っていくらなのかなぁ」と思い、調べてみることにしたのです。そこで、ある問題に突き当たりました。

アフタートークの内容は、インターネット検索を中心に、本を見たりして、正しい情報なのか、データ元を検索して照らし合わせるようにしています。

今回のデータを調べる際に「国民年金の平均受給金額」と検索したら、上位表示されるほとんどの記事で「受給資格期間が25年以上の人が対象の平均額」のみを表示しているのです。そうです。25年未満の加入期間が短い人の金額は除かれて表示されていることがわかってしまいました。

間違った記事ではないのですが、加入期間が短く年金が少ない人の金額を除いてしまっては、正確な記事ともいえません。注意書きもないため、誤解を招くなと思ってしまいました。

過去に、年金に関する調べものをしていたときに、大手のニュース記事で、誤った情報を見つけたこともあります。インターネットで検索する際には、その情報が本当に正しい情報なのか、疑問を持つことも必要だなと感じました。皆さんもご注意ください。

年金格言

インターネットの情報は疑ってかかろう！
年金受給額は平均よりも少ない人が多い!?

コラム

厚生年金と国民年金って何⁉

年金って複雑ですよね。そこまで気にして生きてきていないので「全然わからない」という人も多いのではないでしょうか。私ももちろんそのひとりです。わからないから知りたくて『梅子の年金トーク！』を始め、いまは前よりはわかるようになりました。けっこう勉強しました。

私たちが受けとる年金は、大きくわけて厚生年金と国民年金に分かれます。どちらの年金を受けとるのかは、職業によって変わってきます。ここでは、厚生年金と国民年金の違いについてご説明します。

厚生年金

厚生年金とは、会社に勤めている人や公務員の人が加入する年金のことをいいます。毎月の保険料は給与によって決まり、会社と従業員である被保険者が折半して支払うことになります。サラリーマンの人は、厚生年金になるということです。

以下の人が対象となります。

・厚生年金に加入している事業所に常時雇用されている

・70歳未満

・勤務時間、労働日数が一般社員の4分の3以上

アルバイトやパートで正社員じゃなかったとしても、勤務時間や労働日数が多い場合は、厚生年金に加入することができます。

あるいは以下の「すべての条件」に当てはまる人は、アルバイトやパートでも厚生年金に加入することができます。大事なことなので、お伝えしておきますね。

・従業員数が51名以上の会社に勤めていること（2024年10月以降）

・週20時間以上働いていること

・月額賃金が8・8万円以上（年収106万円以上）であること

・2カ月を超えて雇用される見込みがあること

・学生ではないこと

もし、当てはまるけれども、厚生年金に入っていないという場合は、即刻会社に申告してください。それでも対応してくれないときは、行政を頼りましょう。

なお、厚生年金は、10年以上の加入期間が必要で、受給は65歳からとなります。事業主が加入手続きを行うので、被保険者のほうで特別に行うことはありません。

たとえば、これまで国民年金に加入していて、新たに会社に就職したという場合も、国民年金の脱退手続きは必要ありません。事業所（就職した会社）から年金事務所へ厚生年金の加入連絡票が提出されるので、それで厚生年金への加入手続きは完了です。

厚生年金の受給額は、保険料の納付月数と収入によって決まるため、基本的には、収入が高ければ年金の額も多くなるという仕組みです。

平均受給額は、だいたい月額14万円。男女で差があるので、夫婦ともに厚生年金に加入している場合は、二人で月額22万円ほど受けとるのが相場になっています。

日本では、働いている人の90％近くがサラリーマンなので、この平均受給額をご自分が受けとる年金額の一つの指標にしていいと思います。

これから年金は少なくなるとか、もらえなくなるとかいう人もいますが、実は私はそんなに悲観してはいません。多少少なくなる可能性はあるものの、もらえなくなるというのは絶対にないと思っています。

日本が終わるなどの、よほどのことがない限りありえないと、年金制度を勉強するうちにそう思えるようになりました。

国民年金

日本国内に住んでいる20歳以上60歳未満の人は、国民年金に加入し、保険料を納める義務があります。例外はなく、全員加入しなくてはなりません。60歳になったら、支払いの義務はなくなります。

自営業（フリーランス含む）、農業、林業、漁業、自由業、学生など、20歳以上で、会社員ではない人たちは、国民年金に加入することになります。

学生や若年で収入が少ない人は、手続きをすれば納付を猶予してもらえる制度があります。でも、これはあくまでも「猶予」なので、支払えるようになったら支払わなくてはなりません。

現在（令和６年度）の国民年金のひと月の支払い額は１万６９８０円です。

国民年金の受給額は保険料の納付月数で決まります。20歳から60歳まで40年間きっちり納めた場合、受給額は満額で６万８０００円です。平均受給額はいまのところ月額約５万６０００円とされていますが、これは、正しくありません。

前述した通り、加入期間が25年に満たない方の受給金額を省いて計算されているからです。すべてをまとめた本当の平均額は約３万円だといわれています。これではまったく生活できないので、受給予定の年金が国民年金の方は、いますぐに老後の対策をたてることをおすすめします。

国民年金が厚生年金より少ない理由は、支払っている月額が違うからです。国民年金の月額料が一律なのに対し、厚生年金の月額料は給与によって違います。つまり、高い厚生年金を受給している人は、現役時代に支払っていた厚生年金の額も多額だったというわけです。

日本の国民年金は世界的に見ても少ないのですが、年をとってくると本当に数万円が命とりになってきます。私は『梅子の年金トーク！』の取材を通じて、そのことを身に染みて感じました。受給は権利、支払いは義務なので、年金制度は必ず利用してください。

国民年金に未納分がある方は、65歳（受給資格を満たさない場合は70歳）まで任意加入ができるので、追加で支払いをしたほうがいいと思います。私も未納分がある身なので、任意加入する予定です。

第4章
水商売の仕事の末路

いまはひとりで頑張る

元水商売
83歳女性の後悔

年齢：83歳
性別：女性
職業：無職
家族：独身（出戻り）
以前の職業：水商売
自宅：持ち家
年金月額：8万円（うち国民年金基金月額2万円）

83歳よ。いまはひとりで頑張ってます。私は出戻りよ。うふふ。年金のこととか、そういうことはよくわからないんだけど、65歳から国民年金を受給してる。うん。そうそう。よくわからないんだけど、月に５、６万円もらってますね。そのほかに、国民年金基金。それも２口自分で掛けていたから、合計で月８万円くらいでやってるね。蓄えていたお金もないの。マンション買っただけ。ひとりでね。若い頃、ちょっと仕事して。水商売をしていて。40歳前から。37か38歳からかな。それまでは、病院で看護師さんの手伝いを20年してたの。それで結婚して、出戻ってきてから水商売を始めたの。20年くらいしたかな。それでマンションを買って。

水商売を辞めた後も、76歳くらいまで介護の仕事をしてたんですよ。でも、もう体がキツくて辞めたのね。いまは、何もしてないから、国民年金と基金で暮らしてるね。残らない。ギリギリ。節約しようと思えばいくらでもできるんだけど、けっこう私も、パンパンパンとね、気がいいからみんなにやるから。ふふ。やるっていうか、なんでも買ってあげるから。

これまでの人生で、いっぱい後悔してる。全部後悔してる。でも、しょうがない。

自分のせいだからね。ただ、いまが一番不幸。一番不幸です。

インタビュー後のアフタートーク！

今回は、国民年金基金の話が出たので、基金についてお伝えしようと思います。

国民年金基金とは、自営業やフリーランスといった、国民年金の被保険者の方が加入できる、公的な個人年金のことをいいます。国民年金基金連合会という厚生大臣（当時）の認可を受けた公的な法人が運営しています。国民年金だけの方は、厚生年金と比べて、受給額が少ないですよね。より豊かな老後を送るため、受給額を上乗せしましょうという目的からつくられた制度です。

加入条件は次の通りです。

日本国内に居住している20歳以上60歳未満の自営業者とその家族、自由業、学生などの国民年金の第1号被保険者、および60歳以上65歳未満の方や海外に居住されている方で国民年金の任意加入をされている方が加入できます。したがって次のような方は加入できません。

・厚生年金保険に加入している会社員の方（国民年金の第2号被保険者）

・厚生年金保険に加入している方の被扶養配偶者の方（国民年金の第3号被保険者）

国民年金の第1号被保険者であっても、次の方は加入できません。

・国民年金の保険料を免除（一部免除・学生納付特例・納付猶予を含む）されている方

・農業者年金の被保険者の方

※法定免除の方（障害基礎年金を受給されている方等）が「国民年金保険料免除期間納付申出書」を年金事務所に提出した場合、国民年金保険料の納付申出をした期間は加入することができます。

※産前産後期間の免除をされている方も国民年金基金に加入することができます。

（国民年金基金ホームページより抜粋）

月額の掛け金は、加入時の年齢や性別、選んだ給付のプランによって変わってきますが、上限が6万8000円と決まっています。2024年度の国民年金基金の平均受給額は約1万7000円です。

ご興味のある方は、国民年金基金のホームページをご参照ください。

年金格言 **自営業者は国民年金基金も検討の余地あり。**

ヒモ・DV夫に働かされて

元スナック経営79歳女性の回想

年齢：79歳
性別：女性
職業：無職
家族：娘・孫と4人家族
以前の職業：スナック経営
自宅：持ち家
年金月額：5万円

79歳。だけん、数えで80歳です。年金は65歳からかな。二カ月で10万円弱。ひと月では5万円かな。もともとは建築会社の事務をしていたんだけど、それを辞めて、自営でスナックを開きました。だから、国民年金。国民年金だから安いです。最低額で。これいうとおかしいけどね、10月末まで店持ってたの。23歳から、55年間おんなし場所でスナックをやってたの。今年の2月末にね、お風呂場で倒れてね。「これは死ぬ」って思った。お風呂場で倒れるってこわいよ。脚力もなくなってきてるから、上がれんようになる。こわかったわぁ。そのときに、もう辞めんといけんって思って、10月31日をもって店を辞めようって決断したんです。

そうしたら、また、倒れたんよ。肺炎で高熱出てね。体が悲鳴上げてたんよ。苦労してやってきたから。

旦那は、ドメスティック・バイオレンスでもうとっくに別れたの。殴られ蹴られしてね。スナックもその別れた旦那が、私にさせたの。自分はヒモになって、私を働かせて。

もう、暴力がひどくってね。本当ひどくって泣いた。逃げよって、こけたら車で轢かれたんよ。それで、足も悪いし、頚椎も曲がってて悪い。だから、手も震えるしね。

子供が二人いるんだけど、見るに見かねて子供たちが離婚させてくれて、いまはね、娘と孫と4人で過ごしています。

年金と貯金で暮らしてるけど、貯金も底をついてきた。年金生活って急に入るやろ。ちょっとお金足りないもんね。税金とかあるからね。

自分のぶんはもう何も買わないの。努力してる。

インタビュー後のアフタートーク！

衝撃的な話でした。

ＤＶ夫に対して、被害届を出したのか、警察には相談したのかなど、質問したい気持ちはありました。でも、取材中、急に話題を変えたりして、なんというか、これ以上あまり暗い話をいいたくないのかなぁと思い、触れることは控えました。

配偶者やパートナー、家族などからの暴力に悩んでいる方は、内閣府が提供しているＤＶ相談ナビを利用してください。固定電話、携帯電話、公衆電話、どの電話からでも「＃８００８」を押すと、ＤＶ相談ナビにつながります。ひとりで悩む必要はありません。ＤＶ相談ナビは、都道府県、各市町村の配偶者暴力相談支援センターにつながる設定になっています。支援センターの電話番号がわかる方は、直接電話して大丈夫です。ＤＶかはっきりしない、よくわからないといった場合も、相談してみて、第三者の意見を聞くことも助けになるはずです。

「０１２０（２７９）８８９」この番号は、同じ内閣府が提供しているＤＶ相談プラスの電話番号です。３６５日24時間対応してくれます。もしものときは、この番号に電話しましょう。

そして、本当にいますぐ助けて！となった場合は、迷わず１１０番です。そのときは、躊躇せず思い切って通報しましょう。忘れないでください!!

インタビュー教訓　ＤＶは許さない！　迷わず相談しよう！

ひとり暮らしでギリギリ生きよる

元コンパニオン79歳女性の思い

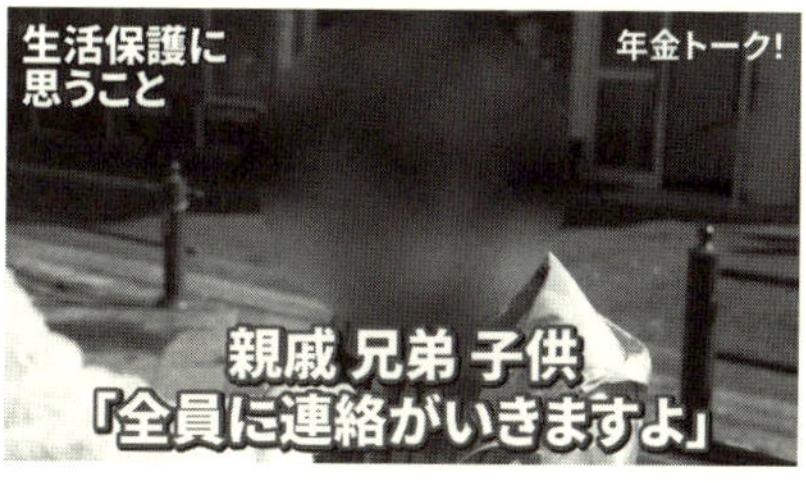

年齢：79歳
性別：女性
職業：無職
家族：死別
以前の職業：コンパニオン
自宅：賃貸
年金月額：10万円（遺族年金＋自分の国民年金）

年金⁇　答えられる範囲だったらいいよ。79歳。種類は遺族年金と私の国民年金掛けてたのが、そのぶんプラスされたのをもらってる。いまは、ひとりで暮らしています。そうです。旦那が亡くなってからひとりになった。もう9年になりますけどね。うん。うん。

年金以外で老後に用意してきたものが何もありませんから。だから、いま、死んだらどうしようかって。あはははは。

私はね、お父さんの遺族年金6割もらえるって聞いてたからね。お父さんは65歳から年金もらいよったからね。そのときに「もし、お父さんが亡くなったら私もらえるのどのくらい？」って聞いたら「うーん。6割くらい入るらしいよ」って聞いてた。全然嘘やな。それはな。嘘。

いま、私がもらってるのが、お父さんのもらってた年金額から4割くらい。ずいぶん減ってる。騙されたなって思う。でも、国が決めたことやけんね。個人がいうたってどうしようもならん。うーん。もし、旦那が亡くなっても、これぐらいなら生活できるかなって頭に入れといたんだけどね。4割くらいしか入ってこないもん。想定外。

若いときは、ホテルのメンテをしてた。清掃の仕事。会社に入って、いろいろなホテルにまわされて。

税金がかかるから、扶養の範囲で働いてたよ。だから、私は働いてた日も少ない。毎日行かなくてもいいような感じのね。あとは、お土産物屋の店員さんもしてたし、いろいろな。

いまは、駅の近くの平屋の賃貸にひとりで住んでるよ。年金の中から家賃を払うから大きいんよ。だから節約してる。一番節約できるのは、食事やな。一度にまとめてたくさんつくって、それを分けて食べるようにしてる。

私なんか、ギリギリのとこで生きよる。それなのに、生活保護の人は、なんであんないい生活するの？　私なんかよりか、ずっといい生活してるよッ。毎日お買い物。買い物行って、あれこれ買うしね。

私ね、一回、生活保護をもらいに市役所に行ったことがある。したら、親戚、兄弟、子供、全部に連絡が行きますよっていわれたのッ。あー。それはちょっと困るって思って。そんなことされたらおおごとや。兄弟なんか怒られるわ。それで、私は「申請取り消してください」っていって年金にした。

私も、親戚やら兄弟やら、子供やらいっぱいおるんよ。なんかね、生活保護を申請したらそっちに通知が行くらしい。私はもう、それ聞いただけで「取り消してくださいッ」って急いで取り消してもらった。

ひどいよー。ちょっとおかしいんじゃんない⁇ってくらい、いまの生活保護の人たちは待遇よすぎ。だって、家賃補助まである。病院代もタダやからね。生活保護の人が「ちょっと病院行ってくる」って焦っていうから「どしたん⁉」っていったら「血圧が120超したんや」って。血圧っていうのは130以上になったときが悪いんや。そういったのに「いやいや、それでも行く」っちゅうて。大慌てで行ったんよ。結局タダやから。あんなん、絶対おかしいと思う。

生活保護の人たちは、ものすごくいい生活してるよ。薬屋さんに行くより、病院に行く。病院代も薬代も一銭もかからないから。そんなことにあてるなら、私なんかの遺族年金のこともすこぉし、考えてほしい。せめて5割くらいにしてくれたらなぁって思うけど。愚痴だけ。

でも、みんないってるよ。「いいなー。生活保護の人は、のんきで。お金は入るし、病院代はタダやし」って。噂話するだけやけどね。誰にいっていいかもわからんしな。私は遺族年金と私の国民年金足してギリギリ10万円くらいやからね。生活保護のほうがずっといいよぉ。

ちゃんとしたところで働いたほうが絶対、得ね。社会保険がちゃんとあるところ。私は、それをいまになって後悔してる。ずっと働いたけど、パートばっかり行ってたから。パートのが、働きやすいんよ。

私が若い頃は、宴会とかが多かったんや。登録してもらってると、宴会に呼ばれて「今日、どこどこの旅館、ホテルに行って」っていわれるの。で、日銭をその日の帰りにもらえる。コンパニオン。それもやってた。もう、何十年も前の話やけどね。そんなことしたりして、ずぅっと働いてた。遊んだことなんてないよ。でも、社会保険に入ってなかったから。ちゃんとしたところで働いたらよかったって、いま、後悔してる。うん。

主人が亡くなってから、生活もガラッと変わりました。私の国民年金なんてほんのわずか。何万かでしょ。主人が生きてるときは、年金が入ると「小遣いだ」ってくれよってね。いまは、ギリギリ。ちゃんとしたところで働いておけばよかった。いまさら遅い。いっても遅いね。

旦那さんが亡くなったら、入ってくる年金は半分以下でしょ。ガタっと減る。それじゃぁ無理よッ。

インタビュー後のアフタートーク！

世間体を気にして、生活保護の相談をあきらめて、ギリギリで頑張っている方はきっと、たくさんいるのだろうなと思います。

血圧が１２０の正常値でも気軽に病院に行く生活保護受給者の方が近くにいたという話を聞いて、問題だと思いました。そんな風に気軽に病院に行かれると、医療関係者の方の負担が増えますし、無駄な診療は本当にやめていただきたいと思います。

生活保護受給者よりも、貧しい生活をしながら頑張っている人は、日本中にたくさんいると思います。実際に申請すれば生活保護が受けられるのに、臆してしまい、申請しない人もたくさんいるそうです。

必要な人が申請しやすいようにするためにも、いまの基礎年金を生活保護と同額に引き上げたり、生活保護受給者にも医療費負担をしてもらうなどしてほしいです。国には、少しでも生活保護受給者への不満が減る工夫をお願いしたいものです。

年金格言　**遺族年金に期待しすぎてはダメ！**

コラム

本当にいる無年金者

ここで、また一つ、年金のこわい話をお伝えしたいと思います。

ただでさえ足りない年金。大事な大事なその命の年金をまったくもらっていない人たちがいることをご存じでしょうか？

彼らは、厚生年金はもちろん、国民年金さえ、一銭ももらっていません。誰が呼んだかその名も「無年金者」です。

無年金になってしまう要因は、

・昭和61年3月（これまでは、国民年金への加入は任意。以降は強制）以前に被用者の配偶者であった者で、国民年金に任意加入しなかった者

・被保険者期間に免除期間を有する者

・未納・未加入の状態であった期間を有する者

がほとんどだといわれています。要は、年金に未加入だったか、加入手続きをしたけど、月々の支払いをしていなかったことが原因です。

厚生労働省の調査によると、無年金者は50万人程度存在していて、65歳以上の人口の割合から考えると約100人に一人が無年金状態なのだそうです。

ここで、ひとりの女性のインタビューをご紹介します。

このインタビューは、わたくし、梅子の実母へのインタビューです。実は、梅子の実父は無年金者だったのです!! 父がどうして無年金者となったのか、無年金者の実情などがよくわかると思います。


「年は70歳です。紡績会社に勤めて、その後はスーパーのレジ。それで、結婚して、あとは自営業のお父さんの仕事の事務処理。いまも、すこぉーし、してます。まだ一応仕事はしてるよ。大部分は辞めたけど、親戚とか身内は『まだしてくれ』っていうから、できる範囲でしてるよ。そうそう。

お母さんは、国民年金を受けとっています。二カ月に1回でしょ。二カ月で14万円弱もらってる。だから一カ月7万円くらいだね。紡績会社に5年間勤めてたときの厚生年金も入ってるよ。

お父さんは、年金入ってない。前、会社に勤めてたとき払ってたけど、自分で自営業をやり出してからは、年金はまったく払ってないの。国民年金も払ってない。国民年金には入る予定だったの。だけど、そのとき、前に勤めてた会社の書類が手に入らなくて、それで国民年金に入れなかった。

前は、年金は強制ではなかったしね。引き継げなかった。前の会社の厚生年金の部分もそのまんまボツ。本当だったら、国民年金に引き継ぐんだけどね。お父さんの場合は、払わなかったというよりも、うまく引き継げなくて、なくなっちゃったって感じかな。

どうにかできたのかもしれないけど、わからなかったから、あきらめた。ふふふ。年金がまったく入ってこないわけだから、準備ってわけじゃないけど、お父さんが一所懸命働いて、不動産を手に入れまして。その家賃でいまは、生活してます。

一応不動産の収入は、月に42万円です。頑張りました。自宅のお金も、不動産のお金も返済は終わってま

す。3年ぐらい前かな。借金はありません。

お父さんは、年金には入ってないけど、商工会で聞いた小規模企業共済に入ってるよ。自営業を始めて、しばらくして入った。そのお金も、もう全額もらいました。それを返済にあててね。

あと、保険にもいっぱい入ってたね。いま入ってるのは第一生命だけやけど、そのほかに、東京海上、明治生命、商工会のほうの保険と、4つか5つ入ってたもん。いまはもう解約してるけどね。

最近、私はね、洋裁したり、ぼーっとして過ごしてる。お父さんは魚釣りに行ったりしてるね。獲れた魚は売ったりしてるよ。この間、イカを2箱出荷したっていってた。2箱で2万円ちょっとになったって。たまに、お小遣いになるね。

収入は一定だけども、物価高で出ていくお金は増えるいっぽうだね。しょうがない。お父さんは、荒れてた時期もあったけど、いまはだいぶ丸くなって。力も弱まった。いまなんて、喧嘩になってもお母さんのほうが勝てそうだもん。

お金も印鑑も全部お母さんが握ってるしね。お父さんは、昔のお父さんやから、お母さんがおらんかったら、何もできん。いまは、立場逆転です。」

インタビュー後のアフタートーク！

実家のお金関係のことは、以前、母に聞いたことがありました。ある程度のことは知っていたのですが、家賃収入の具体的な金額までは知らなかったので、驚きました。想像以上の金額で安心もしました。

我が家は、亭主関白な職人の父を中心とした家庭だったので、家族でお金の話をした記憶はありません。そんなに裕福な家庭ではなかったと思いますが、したい習い事もさせてもらえたし、自分の家が貧乏だと思ったこともありません。

両親は、私たちに不自由な思いをさせないよう、頑張ってくれていたのだなぁと思います。

包み隠さずお話しした通り、父には年金がありません。すべてのお金の管理も母がしているので、母にもしものことが起こったらとても困るなと思っていますが、いま現在は、両親とも不自由なく暮らせています。

父の状況からおわかりいただけたと思いますが、無年金者になる過程は、ものすごく特異な事態が影響しているわけではありません。「資料がないから引き継げなかった」

「あきらめちゃった」そんな、些細なことから発生してしまうのです。

ここでは私の父の例をお伝えしましたが、ほかにも、取材で、無年金者の方に遭遇しています。

皆さん一様に後悔していたので、払えない人や無年金者になる可能性がある人は、年金事務所などに相談に行くことをおすすめします。あきらめずに相談することで何かできる対策が見つかるかもしれません。

年金格言　**無年金者にならないよう手続きを！**

第5章
意地悪なお役所と戦って

年金なんて信用してない

元自営業75歳女性の反骨

年齢：75歳
性別：女性
職業：無職
家族：ひとり（旦那はタバコを買いに行ったきり戻ってこない）
以前の職業：自営業（お店）
自宅：賃貸
年金月額：不明

あー。YouTubeでしてるの？　年金のことを⁉　へぇー。

あれ。年いくつかな。あ。75歳です。えっへへ。年金はねぇ、あたしねぇ、ちょっといろいろあってね。

昔ね、すごく貧乏してたのよ、あたし。年金の支払い額の1万3千いくらを払いきらんかったときがあってね。で、払えるようになったとき、区役所に電話したの。そしたら係の人が「あ、年金は2年前までしかさかのぼれませんよ」っていって、プツンって電話を切ったのよッ。

カチンってきてね。バカにしとるね！って思った。世の中って、お金を持ってる人に優しいってところあるじゃない。お役所でもそうよ。お金がなかったら冷たいのよ。

それで、あたし、個人年金を掛けたの。ほら、生命保険やなんかであるでしょ、個人年金。そのとき、自分で店をやってて軌道に乗ってたから、そのほかにも中小企業の小規模企業共済にも入ったの。

それを全部いただきました。それで、いま何もしてない。そういうことッ。お店は息子に譲ったから、もうそれで充分。

だけんね、そういう事情があって、普通の国民年金っちゅうのは掛けてないの。電話を切られたのが、すごくイヤな思い出でね。あまり信用してない。区役所に電話をかける前に、会社員で働いてたぶんの厚生年金もあったんだけど、もう、そういう手続きはせんかった。はっきりいって、国のやることは、全然信用できなかったけん。

自分が個人で貯めたお金でいまは生活してる。国からの年金いっさい、入ってきてないです。腹立って。もうもうもう。全然信用してないもん、あたし。そんなもんよ。だいたいね、年金っちゅうのは、おかしいんよ。いまだいたい国民年金だったら6万いくらでしょ。それなのに、生活保護の人は13万円くらいもらうでしょ。一所懸命働いて年金を払うよりも、働かんで、生活保護のほうがいいじゃないですかって怒ってる人がおるよ。あたしの知り合いにもおる。その人は「だけん、私は年金なんて当てにしないで、生活保護もらう」っていってたよ。やっぱりおかしいと。

あたしも年金なんて全然信用してない。いまは、個人年金を掛けたぶんで毎月けっこう使いながら暮らしよるよ。お金使うの面白いやん。あはは。無くなったら、死んでやろうと思ってるけどね。楽しみなんて、なぁんもないですから。

いまは、ひとりで賃貸のマンションで暮らしてる。家賃もけっこうするね。貯めたお金を切り崩しながらよ。そうそうそう。

区役所に、バカにしたような態度をとられて「こん畜生‼」って思った。それで、頑張れたんだけどね。それが自分の原動力になったっていうのはあるかもしれないね。

実はね、自分がある程度豊かになってから、区役所の上の人に「あの態度はなんだ！　ふざけるなよッ」っていったんよ。でもそれは、あたしがよくなってたからいえた。当時はいえんかったね。やっぱりね、お金がないって人間、卑屈になるんよ。

年金が払える人は払ったほうがいいけど、個人で蓄えるってすごく大事よ。蓄える方法はいっぱいあるから。悪いけど、あたしは、お国のことはいまも全然信用してない。タンス貯金も大事だと思ってるよ。

インタビュー後のアフタートーク！

会社員や公務員のような第2号被保険者に当たる方たちは、保険料は給与から天引きされますが、自営業者などの第1号被保険者の方たちは、国民年金保険料を自分で納付しなければなりません。

国民年金保険料の未納は、年金がもらえないだけではありません。最終的には財産が差し押さえられてしまうこともあるのです。おそらく、この方も、国民年金保険料が未納の間、督促状は届いていたんだろうと思います。

保険料の未納が続いて財産が差し押さえになるには、いくつかの条件があるようです。「日本年金機構令和6年度計画」によると、控除後の所得が300万円以上かつ、7カ月以上滞納してる人全員を滞納処分の対象者として位置づけて「最終催告状」を送付。それでも支払わない人に対して、実際に差し押さえを行っている、ということでした。

私が年金を払えなかったときは、実際に職場に督促状が届きました。そのときは、年金事務所に電話をして「国民年金保険料免除・納付猶予制度」の手続きができたので、よかったと思っています。

公的年金には、老後の年金だけではなく、病気やケガで障害が残った場合や、小さい子供を残して死亡してしまった場合に備えての障害年金や遺族年金も含まれていま す。国民年金保険料が未納のままだと、万が一のとき、これらが受けとれないリスクもあるんです。やはり、国民年金保険料は払ったほうがいいです。払えない場合はせめて免除手続きをしてください。

年金格言

国民年金保険料が未納だと財産差し押さえも！
払えないときは国民年金保険料免除・納付猶予制度の手続きをしよう！

年金事務所とケンカ

元生保レディ
85歳女性の告発

年齢：85歳
性別：女性
職業：無職
家族：息子と二人暮らし
以前の職業：生保レディ
自宅：持ち家
年金月額：13万円

いま、スマホ教室の途中。休憩時間よ。

昨日で85歳。昨日がお誕生日だったの。なんかちょうだい♡　あはははは。年金は65歳からやね。厚生年金。生命保険の会社でセールスレディ。80歳くらいまで働いたよ。籍を切ってくれなくて、ときどき行ってたって感じ。

37年ぐらい働いたよ。うん。主人が50歳で亡くなったからね。胃がん。スキルスがんね。小学校の子供が二人おったから、保険会社で頑張った。その頃は、子供のおる人は保険会社行きぃってていわれてたからね。

主人は厚生年金掛けとったんだけど、あたし結局一銭ももらえんかったんよ。厚生年金っていうのは、主人が会社を辞めたときに、国民年金に切り替えんといかんね。この手続きをしてなかった。これが一つの問題。

それと、主人が会社を辞めた原因と死んだ原因。これが同じじゃなくちゃいけないんだって。「なんで？　なんで？」って社会保険事務所とケンカしたんやけど、結局、何ももらえんかった。一時金もなんにも、なかった。

だけん、主人が掛けたぶん返してっていうたったい。でも、それもなんにもなくって、一銭も返ってこなかった。「してあげられることは、お金を貸してあげることだけです」って。国ってそういうところよ。市会議員かなんかに相談しにも行ったんだけどね。

そのとき、社会保険事務所の人に、主人が掛けたぶん返ってこんかったら、あたしが年金もらうときになったら、主人のぶんが加算されますよっていわれたんよ。じゃあ、そしたらいいやって思うじゃない。自分の年金にプラスになるんならって思って、もうそれ以上追及せんかったの。

どっこい！　いざ、年金を受給できる年になったら「あなたはもう掛けた年数が充分あるから、ご主人のぶんがプラスされることはありません」って！　結局は、主人が掛けたぶんは何もなってない。なんぼいってもダメだった。

厚生年金は何十年も掛けるのに、約款ないじゃん。だから、もらうときの条件は覚えとかないかんと思うよ。だぁって、知らん人多いもん。もらうのだって、こっちから請求せんともらえんちゃけん。役所は「やりますよ」とはいってこんちゃけん。なんにも教えてくれてないじゃん。悔しかったぁ。

全部、自分で稼がんといかんかったおかげで、国民年金の人よりは多いわな。一カ月13万円くらいかな。

それでね、その金額だとね、息子の扶養に入れないのよ。息子は独身で、同じところに住んでるから所帯が一緒でしょ。あたしが扶養に入ったら控除額が増えるから税金が安くなるのに、入れないのよ。

確かね、１５８万円以下が扶養に入れるのかな。年金が年間１６０万円だから、ほんの１、２万円の差。それで扶養に入れないなんてね。ほんの狭間でなんの控除もない。生活保護の人が10万円だか7万円もらえるんだって。働かないほうがかえっていいのかなっていつも思っちゃうよね。

年金以外に、何も入ってなかった。保険屋さんってそんなもんなんよ。お客さんにはすすめてたけど、あたしは子供二人育てていかなきゃならなかったから、保険を払う余裕がなかったよ。

はい。じゃあ、スマホの勉強してきます。

インタビュー後のアフタートーク！

この方のお話を聞いて、電話した窓口の方の対応や説明は、充分だったのかなぁと疑問を持ちました。実は、窓口で対応する職員の方には、年金制度の知識について差があるようなのです。

知識不足だけでなく、対応自体が悪い職員の方もいるらしく、トラブルになったり、不満を持ってしまったという方の話も聞いています。

相談をする私たち側は、感情的になりすぎないように努め、職員の方の説明をしっかり理解しましょう。

そして、相談される側の職員の方たちには、私たちは、生活がかかっているということをわかってほしいと思います。

ぜひ一人ひとりに寄り添ったアドバイスや、心あるお声がけをしてくれることを本当に願っています。

インタビュー教訓

職員だって人間、知識の差もあるし感情的にもなる。お互いに落ち着いて相談しよう！

国は大泥棒　年金は元金回収

サービス業
66歳女性の慨嘆

年齢：66歳
性別：女性
職業：サービス業
家族：死別・ひとり暮らし、
　　犬と一緒
以前の職業：営業、製造業、
　　工房勤務など
自宅：賃貸
年金月額：15万円（予測）

66歳です。んまぁ、50代っていってくれたらみぃんな教えてあげたのに。あははぁー。年金はね、私、60歳から65歳までもらってるんですよ。60歳のときに、案内がくるでしょ。それで、私、うっかりね、年金事務所の人に「もらったほうがいいですか？」って聞いてしまったの。そうしたら、年金事務所の方が「もらわれたほうがいいですよ」っていうもんだから。うっかりね。ろくに検証もしないで信じて、もらってしまったの。

額はほんの一部のちょっとでした。ほんで65歳になったときに、案内がまたあらためて来たので、今度はデータをちゃんと検証しました。そしたら、いまの健康状態からみると、もらわないほうが絶対にいいってことがわかったんです。だから65歳からはもらってません。未受給です。

受給年齢を繰り下げてるんです。だから、いま積み立ててます。今度は年金事務所の方にデータを出してもらいました。そしたらまだ受給しないで積み上げたほうが、加算がついていくからいいってことがわかりました。

まだフルタイムで働いてるから、70歳までは受給しないほうがいいんです。月額にすると一万円以上違ってくるんで。70歳過ぎても、まだ積み上げたほうがいいかは、自分の状況をみて、ひと月単位で決められるんです。そのときになったら決めます。もしも、死にそうになって、間に合ったら自分で「いままで積み上げたぶんください」って申請します。自分で申請するのと、遺族が申請するのとでは、額がすごく違ってくるんです。

息子に、私名義の通帳を一冊預けています。もし死にそうになったら、その通帳に、積み上げてきた年金を振り込んでもらう予定です。もらえるものはしっかりもらっておきなさいって息子にもいってるんです。

ちゃんと検証もせずに、60歳から年金をもらってしまって失敗したから、今度はちゃんと計画を立てています。なんぼ、年金事務所の人でも、信じたらダメでした。ただ、向こうもね、嘘はいってないわけなんです。だけれども、じゃあ、こうした場合と、こうした場合とどう違うんですかって、そこまでは親身になって答えてはくれないんです。国は、親身になってはくれませんから。

年金事務所の方ね、そこそこの仕事はなさってるけど、いいたいことはあります。

年金っていうのはね、老人にとっての本当の最後の砦なんですよ。老人のね、心身ともに弱った老人のね、最後の砦。だから、もうちょっと親身にいろいろなことを教えてほしいと思います。

お忙しいんだとは思います。ハードなんだとは思います。それは認めますよ。それでも、自分が老人になったときのことを考えてね、対応していただきたいです。

年金は、自分が積み立てたもの。強制的に掛けさせてるわけですから、元金回収ですよ。だって40年以上掛けてるんですよ。元金をまず回収せんことには。冗談じゃないッ。

60歳以下で亡くなった方なんて、なんにもならない。それはあんまりじゃないですか。せめて元金くらい返しなさいよ。ね。元金も返さんなんてね、もう、大泥棒じゃないですか。だって、強制なんだから。強制するんだから、将来のことは親身になってほしい。誰もね、ネギの一本もくれないんですから。

ずっと、一匹狼で生きてきました。営業やったり、製造業やったり、工房みたいなところに勤めたり、数々いろんな仕事をしてきたけど、いまはサービス業に近いのかね。

いまは国民年金です。あとは厚生年金と、子供を産んでちょっとの間は扶養に入ったり。いまの予定だと70歳から受給できる年金はひと月、15万円から16万円くらいかなぁって。それだけあったら、まぁまぁですよな。人生いろいろです。いま加入しているのは国民年金です。

いまは庭付きのボロ賃貸だけど、70歳になったら家賃のかからない生活をしたいなぁって思っています。いまはこんな便利なところに住んでるけど、田舎のほうに行けば、中古住宅とか古い家がいっぱいありますからね。老後はね、もっとゆったりとしたいです。小銭なんて持っててもつまらんですよ。

少々きつくてもいいから、自由にゆったりするのがいいですね。縛られた生活をしたくないから、施設に入る気は毛頭ないんです。ぽっくり死んだら死んだでいいと思ってるんで。最後まで自分らしく全うしたいなと思ってる。

インタビュー後のアフタートーク！

　この方は、年金事務所の人からのアドバイスで60歳からもらったほうがいいといわれて受けとってしまい、5年間損をしたとおっしゃっていましたが、これは勘違いのようです。「特別支給の老齢厚生年金」が60歳から支給できる対象の方だったので、その手続きに行ったら特別支給の老齢厚生年金のことを知らずに勘違いをされたようです。

　かくいう私も、このインタビューのときは「特別支給の老齢厚生年金」のことを知りませんでした。特別支給の厚生年金は繰り下げできないので、もらえる年齢になったらすぐに受けとるのが正解です。繰り下げはできませんので増額することもありません。ですから職員の方に腹を立てて「損をした！」と思ったようですが、実はまったく損をしていなくて、職員の方の言う通りにしなかったら損をするところだった、というのが事実です。

そして残念ながら、年金事務所とのトラブルやクレームは増加傾向にあります。ひどく失礼な職員がいる、あまり知識がない職員にあたってしまった。内容としては、そんな話が多いようです。

どうしても合わない職員の方にあたってしまった場合は、別の職員の方に再度相談したほうがいいかもしれません。人によって対応や回答が違うという話も聞いています。

インタビューでも出た言葉ですが、年金は「最後の砦」なんです。

年金格言 **受給開始年齢は健康状態も考えて納得がいく判断をしよう！**

コラム

誰も教えてくれない 障害年金の話

こちらは『梅子の年金トーク！』の出演者募集に来てくれた方のインタビューです。障害年金について、どうしても視聴者の方に教えたいという内容のメールをいただき、取材をさせていただきました。

当事者でなければわからない詳しいお話です。

ぜひ、読んでみてください。

「年齢は51歳です。老齢年金は65歳からもらえればいいかなと思っています。受給額は、たぶん、手取りで15万円いくかいかないかかな。

23歳からずっと同じ会社で働いています。厚生年金です。業種としてはサービス業です。家族経営の株式会社ですね。私は社長ではなく、ほかの家族が経営しています。経営者のうちのひとりではあります。

仕事は楽しいので、死ぬまで続けたいと思っています。『この前まであの人来てたけど、死んだらしいよ』といわれるのが目標です。

今日は、障害年金の話をお伝えしたいと思って来ました。

見た目じゃわからないでしょ。実は3級の障害者なんです。

私は厚生年金に加入していたから3級があったんです。これが国民年金だったら、1級か2級かしかないので、私の病気の場合は、何も出なかった。

2年半前に心臓の大手術を大病院でしていただきました。8時間くらいかかる手術で『大動脈瘤閉鎖不全症』という病気です。

普通の人は、心臓の大動脈の弁が3つあるんだけど、私は生まれつき2つしかなかったんです。それでも何年か前までは普通に健康な人と変わりなかったんだけど、手術をする2、3年前くらいから息苦しいっていう症状が出てきたんです。この病気は、症状が出

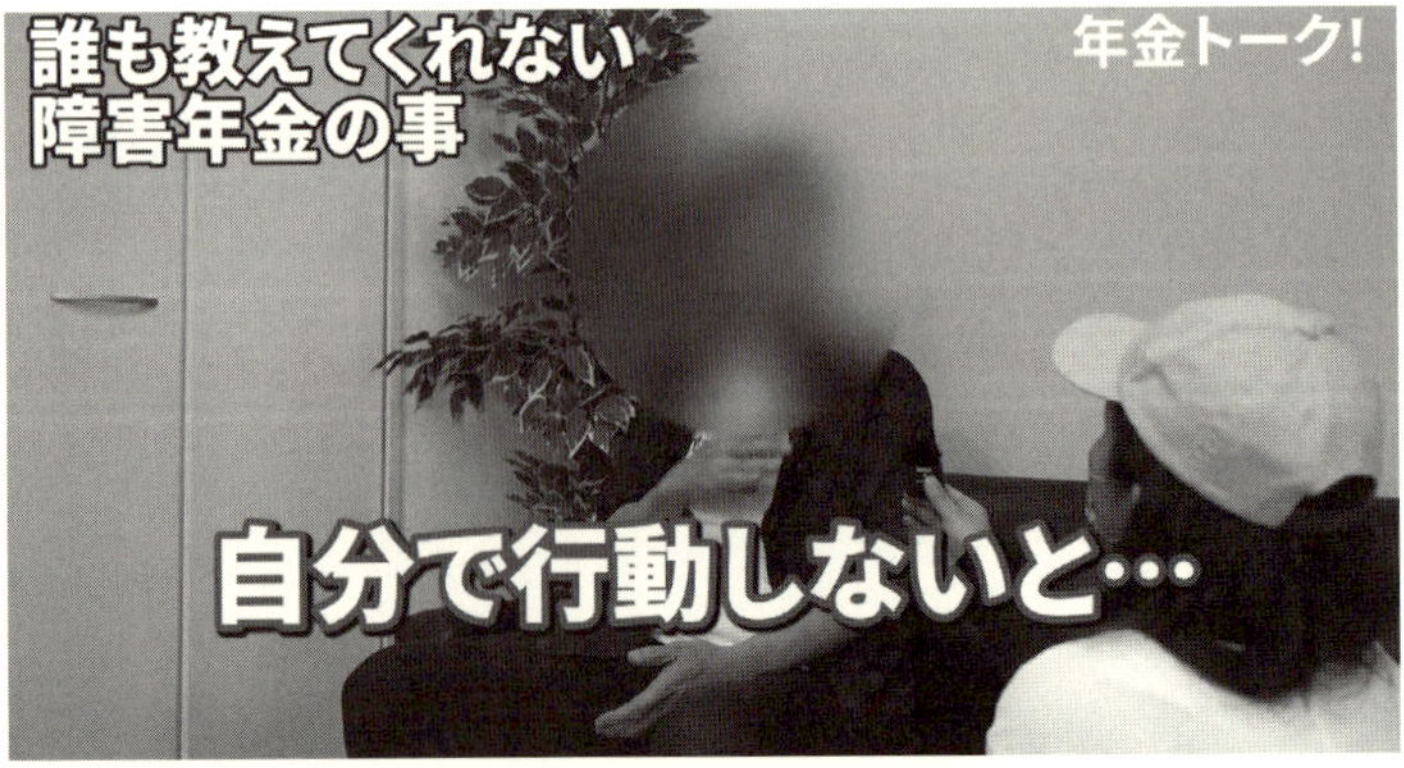

たときには、もう大動脈瘤が破れますよっていう大変な病気なんです。

それでも、手術はやっぱりこわいじゃないですか。だから、先生にずっと嘘をついてたんです。『どうもありませんよ』って。でも、ついに『今年の冬は越せませんよ』っていわれちゃって、手術をしました。

術後すぐは、息がすごく上がって、階段も1、2段、3段上がっただけで息が苦しい。ただ、見た目は健康な人と変わらないんですよ。狭い階段だと後ろから来た人に『すみません。先に行ってくれませんか』っていうのが辛くてね。女性の人なんかだと『なんで⁉』ってあからさまに不審そうな顔をされたりね。そういうの、辛いんですよね。辛い思いをしたかもしれません。

いまは、大動脈の弁はカーボン製の人工のものが入っています。それと、大動脈の根元の血管がつくりものです。その2点で障害年金受給に当てはまるんです。人工弁と人工血管ですね。

そこで、私が声を大にしていいたいことは、私が障害年金受給に当てはまるということを、誰も教えてくれなかったってことです。病院も誰も教えてくれません。それを伝えたかったから応募したんです。

あのね、術後、執刀医の上の先生が『身体障害者手帳をもらえるから、そのために書類を市役所でもらってきてくださいね』っていったんです。それで、その書類をもらいに市役所に行くんですけど、どんな書類か気になったから自分なりに調べてみたんです。

そうしたら、心臓の弁を交換した人はどうも年金がもらえるってことがわかったんです。障害年金っていう言葉もそのときは知りませんでした。

『これは！』となって、自分で『障害年金　大動脈弁』って検索するでしょ。どう見ても、私、受給者なんですよ。受給できる資格がある。試しに『大動脈　障害年金』のほうで検索してみたんですけど、こっちもどう見ても私、受給できるんですよ。

どうやら障害年金3級で、月に5万円くらい受給できる。2個だからもしかして10万円⁉なんて思ったけど2個でも1個と同じでした。一瞬『あ、オレ2個やッ！』って思ったんだけど、それは違いました。はは。

それで、どういう方法で申請するかっていうのをネットで調べたんです。いろいろな人の体験談をみて、検討して、ベストなアンサーは『社労士の先生にお願いして、社労士の先生から年金事務所に申請してもらう』ことだとわかりました。

なぜかというと、自分で年金事務所に申請すると、必ず返ってくるらしいんです。それで、その『不可』が何回か続くと、もうダメになっちゃう。自分でやるとどうも受給できなくなる恐れがあったんです。それで、私も、社労士の先生にお願いして、一回で通って、受給できることになりました。

障害年金はもう2年受けとっています。

誰も教えてくれないんです。自分で気づいて、自分で行動しないと障害年金って受けとれないんです。

自分が障害年金を受給できることに気づいてない人が、視聴者の方の中にもいると思う。

脚の障害でしたら、わかりやすいと思うんですけど、内部障害だから、自分が当てはまることに気づいてない人がいるんじゃないかな。目に見えない内部障害の認知も広がってほしいという気持ちもあって今回、お話しさせてもらっています。

障害年金に当てはまると、年金受給のほかにも、いろいろな割引も使えます。

たとえば、電車は特急の部分は使えないけど、乗車券の部分は障害者割引が適用されます。そういった割引についても自分で調べました。県のホームページに『障害者福祉のしおり』というのがあって、それをちょこちょこちょこちょこ見てね。福祉は手厚いですね。

あのね。大事なことをお伝えしないとならない。

障害年金を受給するにあたって『初診日』というのがすごく重要になってくるんです。

たとえば、私の場合、心臓の定期健診で心臓肥大ですと、指摘を受けました。それを受けて、初めて専門病院を受診したんですが、その日が『初診日』になります。私は、最後までその一個の同じ病院に通ったからよかったんだけど、病院を変えたり、期間が長くなったりすると、その『初診日』の病院がわからなくなっちゃう人がいるんですよ。

初診日は、障害年金を申請するときに、特定しなくてはならないんです。初診日の時点で厚生年金に加入していたかどうか、確認する必要があるんですね。だから、本当に大事。わからなくなったら大変なんです。

そうならないために、定期健診の封筒や事務でもらった書類は全部とっておいたほうがいいです。初診日がわからないから受給できないという人もいるんです。それほど大事なんです。

国民年金と厚生年金と入ったり出たりしてる人ってよくいるじゃないですか。お国っていうのは意地悪だから、よくよく調べるんですよ。その日に確実に年金に入ってたのか裏どりするんでしょうね。

病院は、何も教えてくれないし、なんの手続きもしてくれないので、全部自分で動かなくちゃいけない。初診日は落とし穴だと思っていいと思いますよ。このことは、絶対にお伝えしたかった。知らないとほんと損ですからね。

障害年金であれ、老齢年金であれ、年金制度は素晴らしい制度だと思うんです。よく『掛ける人が少ないから年金なんてもらえるかわからない』なんていう人がいるんですけど、私はそんなことはないと思うんです。

なぜかというと、年金は、掛けたお金を分配するんじゃないから。掛けたお金を運用して、それで出た利益で賄われているものなんです。

その運用益は、ここのところ、過去最高を何回も更新しています。それこそ何兆円っていう巨額な利益を生んでるんだから、倒れたりはしないですよ。皆さん、安心して掛けていいんじゃないかな。

私は、そう信じて年金を掛けて、実際に障害年金もいただいてますしね。いい制度ですよ。」

梅子がお伝えしたいこと

心臓の手術をしたことで、障害厚生年金３級を受給することになったという方のお話でした。

障害年金の話は、病院や国はもちろん、誰も教えてくれなかったそうです。ご自身の経験を『梅子の年金トーク！』の視聴者の方に伝えたい！と、わざわざ他県から来てくれました。

障害年金とは、病気やケガで生活や仕事などが制限されるようになった場合、現役世代の方も含め、受けとることができる年金のことです。

障害年金には、障害厚生年金と障害基礎年金とがあります。それぞれについて説明します。

障害厚生年金は、厚生年金に加入している会社員や公務員が対象のもので、働き続けることが可能な「3級」の障害者にも年金を支給するという特徴があります。働き続けることで、労働能力低下による収入減少を補うことが目的の年金なので、比較的軽いとみなされる3級の障害の方にも、支給するのだそうです。

対して、障害基礎年金は、国民年金に加入している人が対象のもので、国民全体に対する最低限の生活保障を目的としたものです。3級に該当する障害は、生活保障の観点からみると、比較的軽度と判断されるため年金の支給はされないのだそうです。

障害厚生年金は「労働能力の損失をカバー」する設計、障害基礎年金は「生活保障をカバー」する設計となっています。つまり、二つの障害年金は、目的や対象者が違うものなのです。

障害年金を申請するためには、初診日がとても重要なこととなってくるので、病院の明細をとっておいたり、メモをとっておくことをおすすめしておきます。

第6章 そして詐欺に騙されて

めっちゃ騙された

元経営指導員　77歳男性の自嘲

年齢：77歳
性別：男性
職業：無職
家族：妻
以前の職業：公務員（中小企業専門経営指導員）
自宅：持ち家
年金月額：14万円

77歳になりました。喜寿ですよね、77。はい。中小企業の専門経営指導員ということで、かなり高いレベルの指導をしてきました。公務員ですね。60歳の定年前のね、一年半前にがんになっちゃってね。今日も病院でした。今日は早く終わっちゃってね。いま、焼酎飲んでたところです。うすぅい焼酎を。えへへ。

がん保険は入ってない。子供のためにね、私が亡くなったときに下りる保険は掛けてるんですけど、私自身の保険はないです。

私はね、1割負担なんですよ。今日もたった70円でした。いまは、年金だけで暮らしています。ほかの収入はありません。定年してからは、ほかの仕事に就いていないのでね、毎日サンデー。サンデー毎日の生活を17年続けています。

妻のお母さんが有料老人ホームにいるので、空いたその家に奥さんと住んでいます。自分自身の家も持ってるけど、そこは息子たちが住んでいてね。持ち家ですね。妻は全盲で、障害年金を月に8万円くらいもらってますね。私は14万円くらい。

障害者の伴侶っていうのも、それなりに大変です。本人が一番大変なんですけど、伴侶も大変です。障害者は感謝の気持ちがないとかよくいわれるけど、私もそう思います。もっとも、目が見えないから、どうよくされてるのかわからないわけなんだけれどもね。

感謝されないというか、心が届かない。「ありがとうね」っていわれたら、それが励みになるわけですけれども、見えないから。はい。ごめんなさい。饒舌になっちゃって。

年金以外のほかの準備はまったくしてこなかったんです。若いとき、豊田商事事件という投資詐欺の事件があったんですけど、それに450万円ほど引っかかりましてねぇ。騙されたとわかったときって、公にできないんですよねぇ。親しい人にはとくにいいたくないもんです。事務所にね、投資のセールスの人が来るから、仕事上、断れなかったんですねぇ。うまく隙をついてきたもんですよ。同じ時期に、中学校の同級生からも50万円の詐欺に遭いましてね。あの頃は散々でしたね。

うちの奥さんも、預託商法に1700万円投資しちゃって。もう、たぶん返ってこないでしょうけどね。

そう。めっちゃ騙されてる！　私はそういう相談を受ける立場だったのに！　そのときはね、いまみたいに詐欺が騒がれてない時代だったんですよ。私もね、たまたまお金を持ってたもんですからね。投資をする前に、顔馴染みの銀行員が相手のところを調べてくれてね。「毎日、何億もお金が入ってるようですよ」なんて教えてくれてね。いまだったら心配するんでしょうけど、その頃は、詐欺の心配なんてしてなかったもんですから。

女房さんとは、財布がまったく別なので、預託商法のことは詳しく聞いてはいません。やっぱり、嫌だったでしょうからね。子供には、できるだけ安全なかたちをとってもらいたいです。新ＮＩＳＡとかね。私たちみたいに損をすることはないでしょうからね。

若いときはたったの一万円って思うでしょうけど、年をとってみりゃあ一万円っていうのはありがたいですよ。やっぱりお金ですもんね。趣味をするにしても、健康を保つにしてもお金ですもん。

インタビュー後のアフタートーク！

この方の経営指導員というお仕事は、小規模事業者が抱える金融や、経理、経営などのさまざまな問題についてのアドバイスをしたり、経営計画の支援をしたりするものです。おもに、商工会議所などが勤務先です。

有名な豊田商事事件の被害者だということに驚きました。いつの時代も、詐欺は手口を変えて、あの手この手で皆さんを狙っていますので、疑いの目を持つことが大切です。

過去にインタビューした方や、この方も含め、詐欺の被害に遭う方は、誰にも相談せずに、ひとりで決めて、被害に遭った方が多いように思います。ひとりでなんでも決めずに、身内や親しい人に相談するなどの工夫もしてみるといいかもしれません。

おかしいなと思っても、信頼できる人がいない、あるいは知り合いには相談したくないといった場合は、警察相談専用電話「＃９１１０」番に電話をかけると、相談することができるそうです。

もし詐欺かなぁと困った状態に陥ったときは「＃９１１０」番に電話相談をすることをおすすめします。

インタビュー教訓

お金のことはひとりで決めない！
詐欺かなぁと思ったら「＃９１１０」に相談しよう！

借金は宝くじで返す

清掃業
72歳女性の等閑

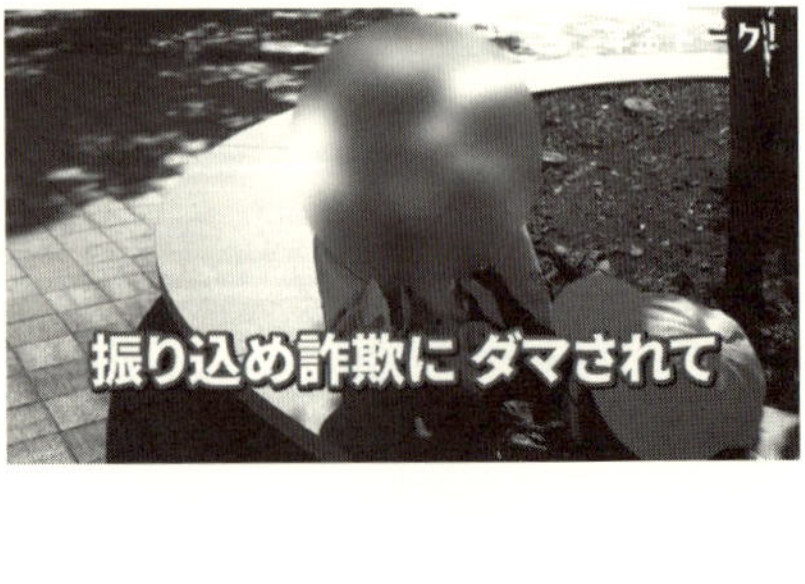

年齢：72歳
性別：女性
職業：清掃員
家族：独身
以前の職業：事務員
自宅：賃貸（家賃3万円）
年金月額：10万円

72歳です。年金は60歳からです。うん。うん。事務員を60歳で辞めて、年金をもらい始めました。老後に何も備えてなかったので、62歳ぐらいからいまも、清掃の仕事を続けています。10年ぐらい続けていますね。うん。うん。

清掃の仕事も点々と変わってきたから。いまは、週に4日くらいかな。一日4、5時間くらいね。それで、月のお給料は10万円以下。9万円くらいかな。年金は月に10万円くらい。その二つを合わせて暮らしています。結婚は一度もしたことないです。賃貸だけど、家賃は安くて3万円です。

夢みたいな話だけど、宝くじが当たったら、すぐにでも仕事を辞めたいですね。ほいで、定年まではよく旅行とか行ってたから、旅行とか行きたいです。宝くじも買わなきゃ当たらないんですけど、振り込め詐欺に騙されてね、お金がないんですよ。

いや、あのね。友達がお金を貸してくれて「いま、詐欺とか多いからそれには使わないでよ」っていわれたんです。でも「わかりました」なんて嘘をいってね。振り込んだら還付金がありますなんていわれて200万円ぐらいかな。

お金がないっていったら「あなたなら、詐欺なんかには使わないだろう」ってそれぐらいならいいよって友達が貸してくれたんです。それも、わざわざ、私の住まいの近くのレストランに連れていってくれて。「食べたいもの食べよう」っていってくれて。うっふふふ。このときとばかりにいっぱい食べちゃった。そいで、私に「詐欺には使ったらダメよぉ」っていって貸してくれたの。

それなのに、引っかかっちゃった。

友達がね、それに気がついて私のこと警察に届けてくれて。うん。友達が心配して、いろいろしてくれて。駆けずりまわってくれて。

いまだに、友達にはお金は返せないでいるんですけど。その友達も1500万円の投資詐欺に遭ってますね。

警察に連れていかれて、根掘り葉掘りいろいろ聞かれました。結局はお金は返ってこないですけどね。

月に20万円もあれば、貯金することもできるでしょってみんないうんですけどね、私、なんか貯めるっていうことが頭にないんですよね。買いたいものをどんどんどんどん買っちゃう。

事務員でお勤めしてたときも、旅行ばっかり行ってた。海外とか。騙された直後は、食べるに事欠くほどお金がなかったから、警察の人が福祉のところに行きなさいっていってくれて、行きましたよ。缶詰とかを支援してくれて。

友達は「あるときでいいよ」ってまったく催促してこないから、少しも返してませんよ。「あなたが返せるときに返してくれればいいから」っていうから、宝くじが当たったら返そうかなと思ってます。

もう騙されないようにします。はいはい。

インタビュー後のアフタートーク！

この人は、お金を返すつもりはないなぁと思わず笑ってしまいました。

年金と清掃業の給与であわせて月に20万円ほどあるということですが、なかなか生活水準を下げることができないようです。

総務省統計局の２０２２年家計調査報告のデータによると、65歳以上の単身無職世帯の消費支出平均額は約14万円です。この方は、もっと節約を意識した生活をすれば、お友達に返済ができそうなのになぁと思ってしまいました。

それどころか、今後働けなくなったら大変なのに、貯金は考えていない様子に驚きました。

よくも悪くも勉強になり、考えさせられたインタビューです。

インタビュー教訓

65歳以上の単身無職世帯の平均支出額は14万円と心得よう！

夫が借金から植物人間に

元料亭経営84歳女性の追想

年齢：84歳
性別：女性
職業：無職
家族：娘と二人暮らし
以前の職業：料亭経営
自宅：賃貸（ただし、家賃は長男持ち）
年金月額：2万円

大して年金もらってないけど、大丈夫かねぇ。

84歳です。年金は60いくつからもらってると思う。もうとれるよ、とったよって友達がいうもんだから、ああ、そうなんだって、手続きしてからです。

自営業やったんよ。鮮魚店、割烹、仕出しもしよった。料亭やね。旦那が56歳で死んでから、しばらくひとりで頑張ったけど、子供がもういいんじゃない、意地も通ったんやないっていうから、辞めて、61歳からは二年くらい病院の厨房で働きました。

結婚する前から旦那は魚屋をやってたけど、割烹は結婚してから。あたしなんて素人やったけど、有名な料理人の本を買うて、勉強してやった。

借金がたくさんあったから、子供に迷惑かけちゃなんないと思って、必死になって、一円も残さんごとはろうた。自分の着物も骨董も全部現金に換えて。

ああ。でも、それはうちの借金じゃないの。旦那が姉弟にお金を貸してたからね。

旦那は人がよかったけん、貸しとった。

あたしはいうたんよ。「お金貸したら、のちになってろくなことない」って。あたし、旦那の決めたことに反対したことないけど、そのときはいうたんよ。それでも、お金を貸したら、姉弟が逃げて。それを電話で聞いて、旦那はショックで倒れてしまった。その後4年間植物人間や。すごいやろぉ。小説より奇なりよ。

頭にきて意識がないはずの旦那に「ほら、見なさい。逃げたでしょ」ってボロクソいったんよ。そしたら、次の日、集中治療室に入った。意識がないはずなのに、聞こえたんかと思って「二度といわん、ごめんね」っていうたんや。

お金を貸した姉弟は逃げてしまったし、あたし、どうして生きようかと思ってね。お金がなくてね。どうして生きようかと四国を歩いてね。そうしたら、子供から探されて、高知の警察署に捕まって。あたしがだまって出て歩きよったんや。それからは、もう働いてないの。

あんた。あたしの話は役に立たんよッ。人としゃべるの久しぶりやもん。

それで、あたし、歩いた後にどうしたらいいか考えて「あ、逃げた人探そう」って思ったんやな。四国歩くくらい足腰よかったから、あっちにいるらしいって聞いたら、あっちに行って、こっちにおるらしいって聞いたら、こっちに行って、探しまわったんや。

ほんで、一軒、一軒、表札を見て歩いて。したら、あったんや。表札上がってたんや。

結局ね、家庭裁判所の職員がついて、話しおうて、800万円くらい貸してたお金を500万円くらいにまけたの。ひと月2万円ずつ返してくれるってことになって、払ってくれてたんよ。それが、去年かいつか、払えんくなったのか月々の2万円も入ってこなくなった。でも、もう、どうでもいいと思って請求もせんやった。

店は自分の土地でやってたから、土地だけなんとか残したんよ。そこに長男が家を建ててくれたんやけど、いまは、近くに長男がマンションを借りてくれて、そこに長女と二人で住んでる。長男に家賃出してもろうちょるけん。へへへ。

年金がねぇ。若いときちゃんと払うてなかったんよ。旦那の好きなようにさせちょったけんね。後で考えたらもうちっと苦口いって、尻叩いて「金貯めておけ。保険掛けとけ」っていえばよかった。ほんの涙くらいの年金や。あたしは、子供のときから、嘘をいっちゃいけん、人を騙しちゃいけんちゅうてやってきたけん。こうして、堂々としゃべれるからいいわ。

ほんで、旦那の葬式のときに、二人のお姉さんがやってきて「旦那に150万円金貸しとった」っていうたんや。そのときは「バカいいなさんなッ！　あんたたちに貸してはいるけど、借りてなんていねぇわッ」っていったった。びっくりするでしょ。そんな人生。波乱万丈な人生。

年金額は本当にいえない。恥ずかしくていえない。それだけはいえない。もぉなぁ。ひとりやったら絶対に生きてはいけんわぁ。一番最初、年金が出るちゅうたとき調べに行ったぁ。そしたら2、3万円くらいやった。「ええ!?　これでどうすんの??」ってびっくりした。

まぁ、そう思ったけど、自分が悪いんやって。自分が旦那の尻を叩かんかったことが悪いんやって思ったんや。そういうことに目が向かんほど、一所懸命に頑張ってたんやけど。

年金や保険やらには弱くってな。旦那が亡くなった後ももらえるものがあったのかもしれないけど、調べることもせんやった。銀行に住宅ローンも全部払ってしまった。なんか、死んだら払わんでいいっちゅう保険に入ってたみたいなんだけど、そういうのに弱くて、払ってしまった。そういうことを全然知らんで。残念ながら。

あたしは人嫌いやけん、デイサービスやなんや行かんけど、家の中片付けるの趣味やけん、しょっちゅう動かしてる。自分は自分の楽しみで、家の中片付ける。年金は、ルールが難しいね。知らんで育つ人が多いんやないかな。

モデルが悪かったかな。あっははは。

インタビュー後のアフタートーク！

お金に関することに弱く、旦那さまが亡くなられた後に、住宅ローンの返済をしてしまったとおっしゃっていました。このことについて、少し掘り下げたいと思います。

通常、住宅ローンの借り入れをするためには「団体信用生命保険」への加入という条件を満たす必要があります。

この団体信用生命保険、通称「団信」には、住宅ローン返済中に債務者が死亡や高度の障害状態などによってローンの返済ができなくなった場合、保険金によって住宅ローンが完済されるという仕組みがあります。

これにより、遺族はローンの返済を免除され、安心して不動産を相続できるわけです。ほとんどの住宅ローンで、契約時に団信への加入が必須条件となっています。そのため、債務者が亡くなってしまうと、住宅ローンはもう支払う必要がないのが普通なのです。

それなのに、この方は、旦那さまが亡くなった後に、住宅ローンを全部返済したというではありませんか。おそらく、返す必要のないローンを支払ってしまったということです。違法というわけではないので、世の常として返済される側は「もう払わなくてもいいですよ」とは教えてくれません。

いまからでもなんとかならないかと思い、住宅金融支援機構に問い合わせをしてみました。すると、住宅ローンを組んだ金融機関の商品により条件が異なるので、取引先の金融機関に問い合わせをしてほしいといわれました。

私は、ある銀行に事情を説明し「この場合は、支払ってしまったぶんが返済される可能性はありますか？」と聞いてみました。すると、いまからでも、返ってくる可能性はあるとのことでした！

そして、このことをお伝えしたくてYouTubeでも発信はしたのですが、いまのところこの方からの連絡はありません。ちゃんと払いすぎたお金が返ってくるとよいのですが……。

この情報が、なんとか届くことを祈っています!!

年金格言

債務者死亡で、住宅ローンはチャラになる。余分な返済は取り返せることも！

コラム

あなたを襲うさまざまな詐欺の手口

取材をしていく中で、多くの方が詐欺の被害に遭っていることを知りました。うかがうと、すぐに詐欺だとわかるような話でも、当事者になると、冷静に判断ができないようです。

得をする話や、儲かる話は舞い込んできません。ましてや、お金を振り込んだら10倍のお金が返ってくるなんてうまい話があるわけがありません。詐欺は、あの手この手であなたからお金を騙しとろうとしているのです。

ここで、有名な詐欺の手口をいくつかご紹介します。こんな話がきたら、確実に詐欺なので覚えておいてくださいね。

▪オレオレ詐欺

親族、警察官、弁護士等を装い、親族が起こした事件・事故に対する示談金等を名目に金銭等を騙し取る（脅し取る）手口です。息子や孫になりすました犯人から電話があり、仕事に関するトラブルなどを口実に、お金を要求する詐欺です。

最初の電話で「風邪をひいて、喉の調子が悪い」などといって、声が違うことを不自然に思われないようにし、さらに、「携帯をなくした（盗まれた、壊れた）」といって、携帯電話番号が変わったと思い込ませます。

再度、息子や孫になりすました犯人から電話があり、「会社のお金を株に使い込んでしまった」「会社のお金（小切手）が入ったカバンを落としてしまった」などと話し、お金が至急必要であることを持ちかけてきます。

被害を防止するために……電話でお金の話が出たら一旦電話を切り、すぐに家族などに相談しましょう！

・常に留守番電話機能を設定しておく
・迷惑電話防止機器を利用する
・事前に家族の合い言葉を決めておく
・個人情報や暗証番号を教えない
・電話をかけてきた家族に自分から電話して確認する

■ **預貯金詐欺**

「払い戻し金がある」「キャッシュカードを取り替える必要がある」は詐欺！

県や市区町村などの自治体や税務署の職員などと名乗り、医療費などの払い戻しがあるからと、キャッシュカードの確認や取替の必要があるなどの口実で自宅を訪れ、キャッシュカードを騙し取る詐欺です。

キャッシュカードの確認・取替が必要だと信じ込ませた上で、その後、銀行協会等を名乗る犯人から電話があり、「キャッシュカードを取りに行く」「手続きのため暗証番号を教えてほしい」などと情報を要求してきます。

被害を防止するために……自治体、銀行協会などの職員が暗証番号を聞いたり、キャッシュカードを預かりに来ることは絶対にありません。

・常に留守番電話機能を設定しておく
・迷惑電話防止機器を利用する
・おかしいな……と思ったら家族に相談してみましょう

■**キャッシュカード詐欺**

「口座が悪用されている」「キャッシュカードを確認しに行く」は詐欺！

最近非常に被害が増加している詐欺で、警察官などと偽って電話をかけ「キャッシュカード（銀行口座）が不正に利用されている」「預金を保護する手続きをする」などとして、嘘の手続きを説明した上で、キャッシュカードをすり替えるなどして盗み取る手口です。

電話での説明後に「キャッシュカードの確認に行く」などの名目で私服警察官や銀行協会職員等になりすました犯人が自宅を訪れ、被害者が目を離している隙に、あらかじめ用意しておいた偽のカードと本物のカードをすり替え、被害者が気づかない内に口座から現金を引き出してしまいます。

被害を防止するために……警察官、銀行協会などの職員が暗証番号を聞いたり、キャッシュカードを封筒に入れさせることは絶対にありません。

・常に留守番電話機能を設定しておく
・迷惑電話防止機器を利用する
・しっかりと覚えておき、おかしいな……と思ったら家族に相談してみましょう

▪架空料金請求詐欺

未払いの料金があるなど、架空の事実を口実とし金銭等を騙し取る（脅し取る）手口です。

インターネットサイト事業者などを名乗る犯人から、インターネットの未納料金が発生しているなどの名目で、携帯電話にショートメッセージ（ＳＭＳ）が送られたり、法務省や裁判所などの名称で自宅にハガキが送付されることにより、実際には使用していない料金を支払わせようとする詐欺です。

ＳＭＳやハガキを受け取った被害者が本文に記載された電話番号に電話をかけると、「払わなければ裁判になる」「今日払えば大半が返金される」などといわれ、払ったほうがよいと思い込まされてしまいます。

被害を防止するために……事業者、法務省や裁判所などが「未納料金などの支払い」の名目で、コンビニエンスストアで、電子マネー（プリペイドカード）を購入させることは絶対にありません。

・ハガキなどにある連絡先には連絡しない
・「現金送れ」「コンビニで電子マネーを買って」という案内は相手にしない
・個人情報や暗証番号を教えない

■**還付金詐欺**

税金還付等に必要な手続きを装って被害者にＡＴＭを操作させ、口座間送金により財産上の不法の利益を得る手口です。

自治体、税務署、年金事務所の職員などと名乗り、医療費・保険料の過払い金や、一部未払いの年金があるなど、お金を受け取れるという内容の電話をかけてきます。被害者が犯人の指示通りにATMを操作すると、実際には犯人側の口座にお金が振り込まれるという詐欺です。

払い戻しには期限があると焦らせた上で、今すぐ携帯電話を持って近くのATMに向かうように指示をしてきます。

被害を防止するために……ATMでお金が返ってくることは、絶対にありません。

・電話でお金の話が出たら、家族に相談する
・常に留守番電話機能を設定しておく
・迷惑電話防止機器を利用する
・公的機関の名を出されても信用しない

■投資詐欺（金融商品詐欺）

未公開株や社債などへの投資や、商品購入に関するパンフレット・ハガキ・SMSが突然届きます。その後、犯人から電話がかかってきます。

※以上、警視庁・ＳＯＳ47特殊詐欺対策ページ　特殊詐欺の手口より転載

このほかにも、ギャンブルの必勝法を教えるからお金を振り込めというギャンブル詐欺、デートするだけでお金がもらえるから登録料を払えという交際あっせん詐欺、ロマンス詐欺等、詐欺の手口は枚挙に暇がありません。

少しでもおかしいなと思ったら、話を聞くことをやめてしまったほうがいいと思います。たとえそれが仲のいい友達から持ち掛けられた話でもです。

余裕のある暮らしがしたい、お金が欲しいと思う気持ちもわかりますが、簡単にお金が手に入ることは絶対にないのです。これまで蓄えてきたお金を詐欺に遭って失くしてしまうくらいなら、堅実に生きたいと私は思っています。

詐欺かなと思ったら、ひとりで悩まず「＃９１１０」番にご相談ください。

第7章 介護施設と年金

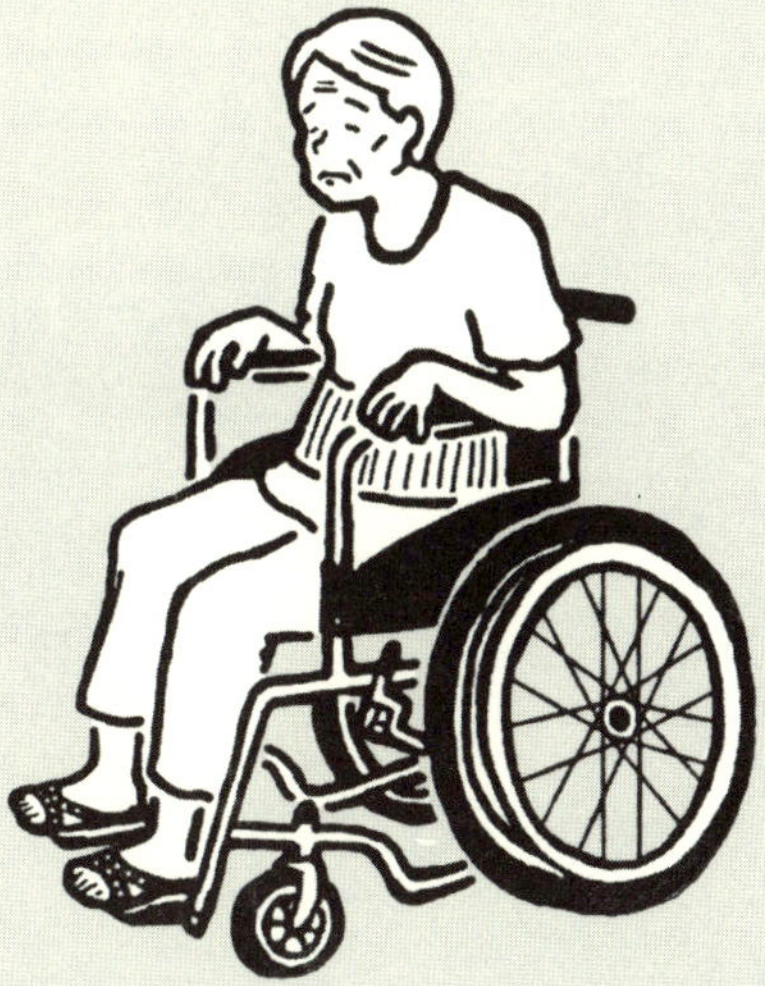

老人ホームが嫌で出たいの

元専業主婦 90歳女性の孤独

年齢：90歳
性別：女性
職業：無職
家族：ひとり
以前の職業：主婦
自宅：老人ホーム
年金月額：20万円くらい

もう、あなた、90歳よぉ。90ともう6カ月。んもぉ、頭もパーですからぁ。身になる話はできないよ〜。

どこでも少しずつ悪くなっててます。90歳だもん。悪くなって当たり前よね。あたしね、老人ホームに入ってるの。まだ2年くらい。あたしは入ろうとは思ってなかったけど、子供たちが「いいとこよ、いいとこよ」っていうんだもん。

なんも、いいとこじゃなかった。ずっとひとりで住んでたんだけど、3年前に急に足が痛くなって歩けなくなったの。娘の肩にすがるようにして歩いて病院に行ったのよ。まぁ、そういう状態だったから。で、老人ホームあるよっていわれて。

子供たちに「あたしを老人ホームに入れた」っていうと「決めたのお母さんでしょ」っていわれる。あたし、そんな急いで行かんでよかったんだけど、ちょうどコロナの時期だったの。いま入らないと、またPCR検査の2万円ぶんが余計にかかるよっていわれてね。子供たちは、どうせ入るならその2万円が無駄だと思ったんでしょうね。「いま入るのいいんじゃない」っていわれて、仕方なし老人ホームに入った。

そこが、まともにお話しする人があんまりいない。自分で歩いてる人は半分ぐらいだし、お話しする人たちがいらっしゃらない。元気な方がそんなにいない。だからつまらない。

だから、楽しみがないの。薬もらいに病院に行くでしょ。そのとき先生に「先生。つまらん。なんかいいとこない？」とか聞いてしまう。そうすると、先生も「どこ行っても同じだよ」っていう。そういう風にいわれたらね、考えかたをそういう風に持ってかないといけないと思う。

あたし、働いたことないの。23歳で結婚したんだけど、主人があたしが働くのを嫌がったからね。主人は予防医学の先生やってたの。医者じゃないんだけど、独立して自分でやってた。

主人は72歳で亡くなりました。もう二十何年ひとりなの。主人がいくら年金もらってたかもわからないし、月にいくらくらいお金を稼いでたかもよくわからないな。お金のことも主人が管理してたから。あたしは、生活費をもらったらそれでやりくりする。

年金は、いま、あたしの国民年金は5、6万円ぐらい。でも月に20万円くらいになってるから、あとは遺族年金かな。それで、ホームに入ってられる。

あたし、老人ホームって楽しいところだと思ってた。テレビで女優さんたちがやってて楽しそうだったじゃない。あんな風だといいなと思ってたの。でも、あたしのホームはメディカルだから、お話しできない方がいてもしょうがないっていわれた。

みんな、働かなきゃいけないから親をみられないんでしょうね。やっぱり、大変なのかもしれないと思う。一回娘と一緒に住んでたけど、出てきてホームに入ったから、もう、二度と一緒に住みたいとはいえない。いわない。

インタビュー後のアフタートーク！

この女性は、本当は老人ホームに入所したくなかったようでしたが、子供さんも高齢なのでしょう。さまざまな事情で、老人ホームに入居することが、そのときの最善の選択だったのかもしれないなと思いました。

しっかりとされていていてお元気なだけに、いまの環境が「終の棲家」としては最善ではないのかもしれないと考えさせられました。いまからでも、ご自身に合うホームに移ることができたらいいのになぁ。とはいえ、ご本人が納得はしていなくても受け入れていらっしゃったので、他人の私がこれ以上口出しすることはよくないと思いました。

インタビュー教訓

自分に合う老人ホームに入ろう。下調べは念入りに！

やってはいけない仕事をやらされる

元介護福祉士
68歳女性の告白

年齢：68歳
性別：女性
職業：不労所得（太陽光パネル、再エネ賦課金）
家族：独身（離婚）
以前の職業：介護職
自宅：持ち家
年金月額：6万円

68歳です。年金は65歳から受けとっています。おひとりさまです。ひとりで暮らしています。38歳のときに離婚して、47歳から55歳まで介護職で働いていました。辞めた直接の原因、決定打があるんですよ。

私、介護福祉士として働いてたんですけど、勤めてたところで、医療行為をするようにいわれたんですよッ。介護福祉士は医療行為はできないんですね。だから、それで辞めました。違法になるから。

医療行為をやれといわれるような職場だったから、辞めました。要するに看護師とかがするものなんだけれど、それを介護福祉士にやれというんですよ。私の前任者も看護師じゃないのに、そういうことといわれてたんですって。

その方が辞めたから、その仕事が私にまわってきたんです。私は納得できなくて。医療行為だということは、まわりもみんなわかってるはずなんですよ。私は、辞めますっていって。

結局、そういうことしてると、犯罪者になるでしょ。せっかく介護福祉士って資格を苦労して取って働いてるのに、そんなことで、資格を失いたくないですよね。

具体的には、胃ろうです。口から栄養が摂れなくて、チューブで胃に直接栄養を入れたりするの。そういうのは、やっぱしね、看護師なんですよ。医療行為ですから。福祉の現場だから、看護師として登録してる人もいっぱいいるわけですよね。しかし、登録された人は、医療行為をやってなくて、私がしなきゃならない立場になるわけじゃないですか。おかしいですよね。幻滅しました。

将来的に、両親の介護があるから、現場や法制度をしっかり学びたいと思って勤めたんですよ。私はデイサービスが多かったけど、特養ももちろん経験してるんです。いろいろ見たら、働いてる人は安い給料でこき使われてるし、こんなところにはいたくないなと思った。

介護の現場に入る前は専業主婦だったし、離婚してからは、養育費や親からの援助で暮らしてました。それでしばらくして介護の現場に入ったから、私働いたのが遅いんですよ。だから、年金も少ないですよ。一カ月にすると6万円かな。

だけど、昔から、自分なりにライフプランを考えてました。年寄りになったら貧乏になるし、年金もたくさんもらえないってわかってましたからね。

いまは、6万円の年金と、貯金を崩して暮らしています。もし、お金が足りなくなったら、住んでるマンションを売って、それをまた取り崩してね。マンションはそのために買ったようなものなんです。

マンションを買うために、両親が援助してくれたので、生きてるうちは一緒に住んで、面倒みましたよ。寝たきりとかそういう親じゃなかったけど、介護するのってたいっへんですよ！　娘だからかえってわがままで大変でしたよ。年寄りの相手するの大変ですよ。他人さまだったら遠慮もあったでしょうけど、娘なんていったら遠慮がないんですよ。私は、介護は他人がしたほうがいいと思っています。ええ。私はそう思います。

日本は、女性が働くとこってちゃんとなってないでしょ。保育所、育児、介護、そういうの全部女性の分野だったわけじゃないですか。そこは、全部給与が低いですよね。だから、女性をバカにしてんじゃないかなって、私は思いますよッ。もともと、女性が担ってたところを、専門的に認めてない。だから、給料も上がらないんじゃないですかッ!?

別れた夫も、男尊女卑思考のある人だった。女性は結婚して子供を産めばいいんだって考えの人だったからね。尊敬できない人と一つ屋根の下で暮らせないですよ。恐ろしい。

私、法学部出身だから、小学校、中学校くらいから日本という国を信用してなかったから。悪いけど、ひとりに何人もの子供を担当させる保育所に子供を預けて、女の人が働くシステムのままでいいんでしょうかっていいたい。だって、ひとり育てて、こんなに大変なのに。みれないでしょ。

無理ですよ。それで、事故が起こったら保育士がすごく責められて。給料は安いし。だから、就く人いないでしょ。評価がおかしい。値段とものの価値が違うってこういうことですよ。

福祉の仕事も同じように見合ってないと思いました。「システムが、システムが」っていうけど、無理です。ひとりで何人も年寄りをみなくちゃならなくて、現場の人たちに無理させてる。無理です。

インタビュー後のアフタートーク！

この方がいっていた胃ろうとは、病気などで口からものが食べられなくなったときに、胃に穴を開けて専用のチューブを挿入し、直接栄養を補給する医療ケアのことをいいます。

胃ろうは医療行為の一つで、基本的には医師や看護師しか扱えません。ですが、２０１２年の介護保険法の改正により「一定の研修を受けた介護職」の方も、決められた範囲で行えるようになりました。

介護士だったら誰でも扱えるというものではありません。あくまでも「研修を受けた特定の介護士」のみができる医療行為となります。

この方が介護福祉士として働いていた時期は、法改正の前です。やはりやってしまっていたら、違法行為になります。実際に、胃ろうを扱った介護士が逮捕されたというケースもあったようです。

　ここで、２００７年にできた年金分割という制度についてご説明します。

　年金分割とは、夫婦が離婚したときに、婚姻期間中の厚生年金の記録を二人で分割することができる制度のことです。とくに、婚姻期間が長く、専業主婦（夫）をしていた場合は、年金分割をしておかないと、将来の年金の受給額が減る可能性があるので、ご注意ください。

　年金分割は、離婚した翌日から2年の間に行わなくては、請求期限が切れてしまいます。対象は、２階建てにあたる厚生年金部分のみで、国民年金は対象外です。

　近年は、熟年離婚も増えていますが、年金分割や慰謝料などで、離婚貧乏になってしまう方が多いそうです。よほどの理由がない限り、離婚だけは回避したほうがいいかもしれませんね。

年金格言　**離婚したら年金分割をしよう！**

施設が母を放置

元中学校教師
68歳男性の忠告

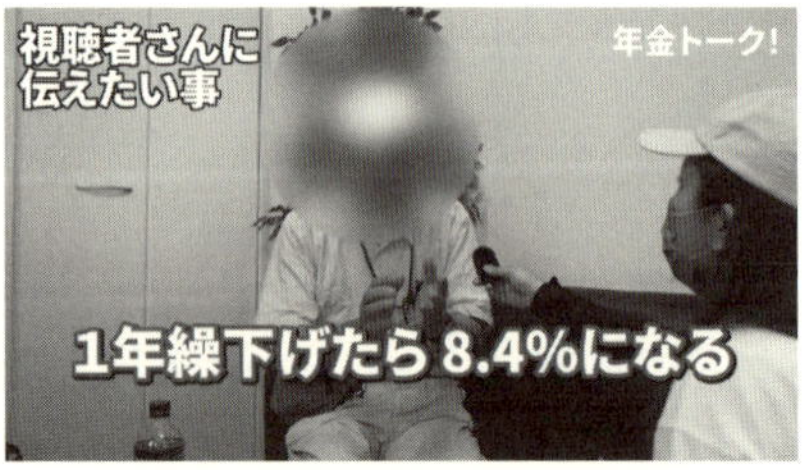

年齢：68歳
性別：男性
職業：無職
家族：ひとり暮らし（妻は
　　　子供と住んでいる。
　　　離婚はしていない）
以前の職業：中学校教師
自宅：持ち家
年金月額：30万6000円（予想）

『梅子の年金トーク！』の動画は、ほぼ、一番最初くらいから観てますよ。年が年だけにね、年金のことに関してはいろいろと調べたいじゃないですか。ずーっとYouTubeを観ていて、梅子さんに出会ったんです。それからずーっと観てます。それで、今回、私もお伝えしたいことがあって、インタビューに応募させてもらいました。

年は68歳です。私は繰り下げ派なので、年金はまだ受けとってません。75歳まで。マックスまで繰り下げます。予定だとね、年間４００万円くらいです。

いまは、仕事はしていません。57歳まで中学校の教師をしていました。57歳で辞めても、公務員だから年金は月に17万円くらい出るんですよ。繰り下げて、17万円のうち80％が加算されますから、やっぱり４００万円くらいです。定年は60歳なんですけど、57歳で辞めたのには、理由がいろいろとありましてね。

うちの母親が75歳くらいからボケ始めましてね。80歳くらいから施設に入ったんですよ。

最初はショートステイから入って、月曜日に送っていって、金曜日に迎えにいって、家に連れて帰る。月曜日になると、またショートステイに送り出すってことをしとったんですよ。

要介護5でね。マックスにボケとったんですよ。名前も何もわからずに。もちろん、私のこともわからないです。最初は「私の財布がない。オマエ盗ったやろ」から始まりました。やっぱりそこから始まるんですね。それから「電線の上を忍者が走ってる」とか「田んぼを知らない人が耕してる」とか妄想が出るようになって。それで、ショートステイにお世話になるようになったんです。

しばらくしてから、事件が起こりましてね。ショートステイをしていた場所の横にね、踏切があって、JRがあってね。母親は、その線路をずーっと歩いていって、電車を止めたんですよ。仕事中に私のところに、警察から電話がありましてね、ショートステイのほうから「面倒みきれんから、家で引きとってくれ」っていわれてね。

嫁に頼むわけにもいかないし、私しかみる人がいないから、教師を辞めました。年度の途中に辞めたら迷惑がかかるじゃないですか。だから、次の年の4月には辞めますということにしました。

私が仕事を辞めるまでの間、母親をみてくれるところを探しましてね。そしたら、グループホームが一部屋だけ空いてた。事情を全部話してね。それが57歳のときなんです。だから、57歳で仕事を辞めてるんです。

グループホームさんに母親をお願いしたら、「こんな優しい、いいおばあさんはいません。まるで、大人しい猫みたいですよ。そんな逃げ出すような、そんな人じゃない」っていうんです。

要は、前のところの施設の対応が悪かったんですねぇ。私も思い起こせば、おかしいことがあったんです。たとえば、月曜日に、ショートステイに送っていくときに、パンツやなんか持たせるでしょ。それが、金曜日にきれいに折りたたんだまま返ってくるんですよ。

どうもおかしいなと思って、うちの嫁が下着の間に紙を折りたたんで入れておいたんです。したら、紙もそのまま返ってきて。だから、おそらく、シャワーも浴びてないし、何もしてなかったんです。母親は、よっぽど嫌だったんだと思う。それで、逃げ出しちゃったんだと思う。

母親は2年ぐらい前に亡くなりました。それが、私が年金を繰り下げする理由です。というのはですね、うちの母親は大正生まれでした。母親がもらっていたのが、おやじの遺族年金と自分の国民年金です。母親は、60歳からもらえる年金を65歳まで繰り下げたんですね。すると、月に15万円くらいになったんです。そのとき、特養に入るのが月に14万5０００円で、ちょうど、年金でまかなえたんです。

私は3人兄弟なんですけど、その年金のおかげで「誰が金を出すんだ」とか喧嘩しないですみました。残った5０００円は、母親のパンツ代とかおむつ代にして、トントン。

うちの母親が繰り下げして、増やしてくれとったから、兄弟が喧嘩しなくてすんだんです。そのことがあったから、私も繰り下げ受給にしようと思ったんです。

私ね、年金っていうのは長生きしたときの保険だと思ってるんです。うちの母親は5人兄弟で、そのうち4人がボケてるんです。だから、うちはボケの家系。私は、母親に似てるから絶対ボケるなと思ってる。だから、きっと世話になるから、年金のお金は増やしておかないと。そうしないと、ぜぇったいに、子供に迷惑かけるから。だから、たくさんお金を遺しておきたい。そう思ってるんです。

いま生活が苦しい人は、年金をもらわなくちゃならないけど、繰り下げられる人は繰り下げたほうが、長生きしたときのために絶対にいいと、私は思ってる。

私ね、お金はないんだけど、運はごっついあるんですよ。あのね、理科の先生がね、これから地球温暖化になるから、太陽光のパネルね、やるといいっていうから、田んぼにそれを全部つけたんです。お金あるぶんだけつけました。

それがいま、収入になってるんですよ。再エネ賦課金です。皆さんが出してる電気代をいただいて、生活ができてるんです。年間４００万円になっています。

そうだ。もう一つお伝えしたいことがありました。親と一緒に住んでる人は、ぜひ、世帯分離をしてください。

私の母親が特養で月に15万円かかったっていうのは、世帯分離してなかったからなんです。

私ね、同じ家に住んでたら一世帯だと思ってたんです。でも、そうじゃなくて、親子の場合は世帯分離できるんですよ。私の家族と、母親とは別の家庭だってことです。

おそらくね、母親の年金だけだったら、月に6万円か7万円くらいですんだんです。月にしたら10万円くらい損してたんですよ。世帯分離できることに、もっと早く気がついていたらなぁと思います。

親と同じ家に住んでたら、絶対に世帯分離してください。介護のときの費用がごっつおっきく変わりますから。

憧れの梅子さんにお会いできて、とても嬉しかったです！

インタビュー後のアフタートーク！

出演者募集に応募してきてくれた、視聴者さまへのインタビューです。

お母さまを預けた施設がよくなかったとのこと、心が痛みました。介護施設は、場所によって、当たりはずれがあるという話を聞きます。利用する際は、見学やお試しはもちろん、口コミや評判にも気をつけたいものです。

この方は、年金は長く生きたときの保険だと思っているとのことでした。私たちの動画を観ていると、いつ死ぬかわからないから、年金は早くもらうという意見が多いけど、自分の経験からいって、繰り下げ受給もいいよ、と伝えたい思いがあったようです。

確かに、年金は長生きしたときの保険だという考えかたは、とても大切だと思いました。年金を繰り下げておけば、長生きしたときに、経済的不安が減ることになります。それは、精神的にすごく安心ですよね。私も、繰り下げ受給を検討してみようかなぁと思えました。

ただ、年金の繰り下げによって所得が増えると、支払う所得税と住民税が増える可能性もあるので、おひとり、おひとりの状況に応じて、慎重にご判断いただくことが大切だと思います。そのほかにも、国民健康保険料、介護保険料も増加する可能性が出てくることもお伝えしておきます。

世帯分離のお話も出てきたので、ご説明します。

世帯分離とは、同じ住所に暮らしている家族を、住民票上で、別々の世帯に分けることです。これによって、親と子が別々の世帯であると扱われて、税金や、社会保障などのサービスの内容も変わってきます。
もし、制度を利用する場合には、住民票の扱いに詳しい専門家や、自治体に相談することをおすすめします。

年金格言　**世帯分離すると公的サービスが安くなる場合もある！**

コラム

老人ホームっていくらかかるの？

老人ホームといわれる高齢者施設には、いろいろな種類があります。ここで、どんな施設があるのか、利用にかかる料金の相場やそれぞれの特徴をご紹介したいと思います。受け入れ条件や、サービス、雰囲気など細かいことは、施設によって変わってくるので、よく調べて、入居する方に合った施設を選んでくださいね。

老人ホームは大きく分けて、民間のものと公的なものの2種類に分かれます。それぞれ、ご説明します。

■民間施設

介護付き有料老人ホーム：24時間介護スタッフが常駐し、入居者の方に合わせて、食事、入浴、排せつなどの介助サービスが受けられる介護施設です。一般的にイメージする老人ホームがこれにあたります。設備、運営基準、人員などの条件を満たしていて、都道府県の認可を受けている民間施設です。

住宅型有料老人ホーム：介護が必要ない方から、比較的低い要介護の方までが住む、住宅型の老人ホームです。自由度が高いことが特徴です。

サービス付き高齢者向け住宅：サ高住といわれる、高齢者が安心して快適な暮らしをすることが目的の賃貸マンションです。安否確認や生活相談のサービスが義務づけられています。

グループホーム：認知症の方が、共同生活をするための施設です。5人から9人ほどで、一つ（一軒家など）の家に住み、家庭的な環境でできる限り自立した生活を目指します。専門のスタッフが支援します。

■公的施設

ケアハウス：低所得の高齢者（60歳以上）の方が、安価に介護サービスを受けられる施設です。社会福祉法人や地方自治体が運営していることが多いです。

特別養護老人ホーム：皆さんもよく耳にする「特養」のことです。要介護3以上の認定を受けている方が対象の施設で、介護保険によって、低価格でサービスを受けることができます。看取りまで対応可能なので、終の棲家として人気の施設ですが、待機者が多く、なかなか入居できないという問題点があります。
介護老人保健施設：病気や手術で入院していた方が、リハビリのために入居することが多い施設です。家に帰ってすぐに生活に戻れるか心配といった場合、利用されます。リハビリの専門職である、理学療法士や作業療法士が常駐しているのが特徴です。
介護医療院：2018年に新設されました。介護と医療両方のサービスが受けられます。要介護者の長期療養と、生活支援を目的とした施設となります。

有料老人ホームに入るには、入居一時金というものがかかります。これは、その施設を終身利用するための権利を買うと考えるとわかりやすいかと思います。金額はそれぞれの施設によって違いますが、平均値は100万円といわれています。

そのほかに、次ページの通り月額の利用料がかかってきます。

けっこう高額ですよね。こうしてみると、年金の大切さがよくわかります。老人ホームを検討する際には、参考にしてみてください。

介護施設の月額利用料金

民間施設	介護付き有料老人ホーム	14.5 ～ 29.8 万円
	住宅型有料老人ホーム	8.8 ～ 19.1 万円
	サービス付き 高齢者向け住宅	11.1 ～ 20 万円
	グループホーム	8.3 ～ 13.8 万円
公的施設	ケアハウス	7.5 ～ 12.4 万円
	特別養護老人ホーム	10 ～ 14.4 万円
	介護老人保健施設	8.8 ～ 15.1 万円
	介護医療院 （介護療養型医療施設）	8.6 ～ 15.5 万円

※『みんなの介護』ホームページ参照
（https://www.minnanokaigo.com/）

コラム

お金のプロが教える年金の話

年金についてより詳しく知るため、専門家の方へインタビューしました。『梅子の年金トーク！』の登録者数が３万人くらいになったとき、プロの方で、相談できる方がいたらいいなと思って、私たちのほうから連絡させていただいた、内山貴博先生です。いろいろと、興味深い話が聞けたので、皆さんにもお伝えしたいと思います。どうぞ！

「年齢は46歳です。ファイナンシャル・プランナーとして仕事をしています。国家資格１級ＦＰ技能士と、国際資格のＣＦＰというファイナンシャル・プランナーの資格を持って活動しています。若い頃から勉強して頑張りました。

事務所をかまえたのは18年前の28歳のときです。その前は、証券会社に勤めてました。本社で管理の仕事をしてたので、お客さんと話す経験がなかったんです。もっと、直接アドバイスしたいなと思ったのが独立のきっかけです。

家庭の話だと、うちのいまのお金の管理は、私がしています。老後に備えてというだけではありませんが、貯金よりは投資のほうが多いですね。入ってきたお金の7割くらいは投資にまわしています。仕事柄、預貯金のままで置きっぱなしにしておくのがもったいないって思っちゃうんです。

数カ月先のことを考えて、これくらい置いておけば大丈夫かなという金額を貯金として銀行に置いておいて、あとは株、投資信託、外貨などから、状況を見ながらコツコツやっています。もちろん、NISAとかもやってます。

基本的には、短期の売買はせずに、長期の資産形成だと考えています。たとえば、株式だったら、買ったらずぅっと置いておくようなイメージですね。

私も、ライフプランをたてているので、お話ししますね。ちょっと早いんですけど、50代で少しずつ仕事

今後の働き方
について
残りの人生 あっという間に
過ぎる気がしているので…

内山先生に
お話を聞きました。

をセーブするつもりです。いろいろな方とお話をしていると、60代70代ってあっという間に過ぎていくような気がするんです。だから、50代から仕事をセーブして、やりたいことをいっぱいやっていきたいと思ってるんです。

いまは、セミナーの講師や、金融機関での研修を担当するという仕事も多くなってきていますし、相談もリモートで行うことも多くなってきてるんですね。だから、会社をたたんでフリーで働くという方法も考えています。５年後10年後、このオフィスを退去して、どこでも自由に働けるような、そんな生活ができたらいいなと思っています。

仕事はずっと続けていきたいと思っています。収入の状況とか、資産の状況が許すのであれば、年金は繰り下げて。70歳くらいまで繰り下げることができればなぁと思っています。

70歳を一つの分岐点だと考えていて、そこで、また選択しようと思っています。バリバリ仕事してて元気で、80歳90歳を生きていけそうだなぁと思えば、年金はもう少し繰り下げてもいいかなーと思います。

逆に病気がちで、そんなに長く生きないかなぁということなら、65歳から70歳までの5年間の年金を一括で受けとろうと思っています。ただ、この場合は、繰り下げたことにはならないので、１００％の本来の受給額をずっともらっていくことになるんですけどね。

65歳で年金を受給するとしたら、私は普通の会社員の方よりは、少ないと思います。そうだな。どれくらいかな。人のことはよく計算するんですけど、自分のことはしてないんだよなぁ。月10万円くらいですかね。

70歳まで繰り下げた場合は、本来の年金をかりに10万円だとして計算すると0・7×60カ月（5年間）で、1・42倍の14万2000円になります。繰り下げると大きいですねぇ。

年金の仕組みって難しいですよね。『梅子の年金トーク！』を観ても、誤解されてる方が多いなぁと思ったりしますね。勘違いしてたりとか。

年金のことを金融商品とか投資の意味合いでお話しされてる方もいたので、その辺はちょっと気になりますね。年金は、積み立てていったら、将来の貯蓄になるという投資というわけではないんですね。あくまでも、社会の助け合いの制度なのでね。

私が、個人的に気になるのは、在職老齢年金のシステムです。これは、ぜひ、見直してほしいなぁと思っています。60歳以降も元気で、バリバリ働きながら年金を受給したいと思うと、問題が出てくるんです。働いて得た所得と、年金、この二つを合わせた金額が大きいと、年金の一部、あるいは全額支給停止になっちゃうんですよね。これは、いろいろな方から、相談を受けています。

それまで、若い頃からいっぱい保険料を払ってきていて、60歳以降も頑張って働こうかと思っているのに、年金が減らされるとなると、納得できないですよね。『充分お給料で生活できるじゃないですか』と冗談をいったこともあるんですけど、『いやいや、これまで何十年も保険料を払ってきてるんだから、一円たりともカットされたくない』っていわれたことがあったんです。ああ、なるほどなぁと思いました。

お金があるからいいって話じゃないんですよね。支給停止になることに抵抗を持つんです。それはそうですよね。なので、いま、すでにそういう案も出ているんですけど、バリバリ働いていても、年金もしっかりもらえるよという体制ができるといいなぁと思います。

今後は、シニアの方も働いてもらいたいということで、いろいろ制度が変わってくると思います。在職老齢年金が足かせになって、まだまだ働ける人が仕事をセーブするとかそういうことがなるべくないように、おっきな見直しが行われる可能性もありますね。期待していいと思います。

年金は１９４２年、第二次世界大戦の頃に、男性だけが対象の厚生年金からスタートしてるんですよね。基礎年金（国民年金）は、後からできているんです。そうやってどんどんどん変わっていって、いまのかたちになっています。

変わるときは、いきなりではなく、ちょっとずつ、ちょっとずつ配慮しながら変えていってるんですね。だから、いまの結果だけ見てしまうと、すごく難しい制度に感じてしまいますよね。辞めてしまった人、また、会社員になった人で内容が違うとか、みんなが均一に当てはまるものじゃないから、どうしてもわかりづらいですよね。

FP相談って、最初が年金の質問とか相談でも、結果的には資産運用の話になったり、保険や税金の話になったりと、多岐に及ぶことも多いんです。年金はもちろんですけど、それ以外のお金全般の話、なんでも対応しますので、いろいろ聞いてください。」

先生からお話をうかがって

FPの内山先生とは、2024年1月からのお付き合いです。私たちのほうから連絡して、食事に誘いました。お話ししてみたら、共通の話題が多く、意気投合して仲良くなりました。

視聴者の方からの専門的な質問には、FPの先生と一緒に答える企画も行っています。

インタビューの中で「70歳になったら、5年分をさかのぼって一括して年金を受けとることも考えている」とおっしゃっていたのですが、これは年金の請求の時効が5年であるためです。70歳時点で65歳までさかのぼって、5年分を一括で受けとることができるのです。

２０２２年4月からは75歳まで年金を繰り下げることができるようになったので、たとえば72歳のときに5年（67歳時点まで）さかのぼって一括でもらうこともできます。この場合、67歳まで繰り下げたとみなした金額で一括分、そして今後の年金を受給できます。これを「特例的な繰下げみなし増額制度」といいます。

70歳以降も、繰り下げ受給を考えている方は、知っておくと安心できる制度ですよね。

あとがき

この本を手に取り、そして最後のあとがきまでお読みいただき、本当にありがとうございます！　非常に光栄ですし、大変嬉しく思っています。

YouTubeチャンネルをスタートしてまだ間もない頃には、「登録者が10万人を達成する頃に本の出版の話がきたら嬉しいな」なんて夢のような話をしていたのですが、ちょうどそのくらいのタイミングで興陽館の本田様より、書籍化のお話をいただきました。

「これはチャンスだ！」と、まずは素直に嬉しく思いましたが、何せ初めての経験ということもあり、納期や執筆の進行に対する不安もありました。しかし、多くの方々のサポートのおかげで無事に形にすることができ、感謝の気持ちでいっぱいです。

年金の額は、働きかたや人生の選択に大きく影響を受けます。そして、その事実を「知っているかどうか」で、老後の備えかたや心構えも大きく変わってきます。年金は、私たちの生活に密接にかかわる大切な制度ですが、その仕組みや実態は意外と知られていないことも多いなとインタビューをしていて感じています。

取材を通して、私自身、年金について学び、考える機会がとても増えました。そして、あらためて「いまの自分に何ができるのか」を考えるようにもなりました。この本を通して、読者の皆さまにも「自分ごと」として考えるきっかけになれば、これ以上の喜びはありません。

年金制度は難解で、ときに複雑さに頭を悩ませることもありますが、「知らないまま」では損をしてしまう時代です。この本が、皆さまの生活や将来設計の一助となり、少しでも役立つ情報を提供できたのであれば幸いです。

今後も、年金に限らず、お金や生活に関わるテーマを掘り下げ、皆さまにお伝えしていきたいと考えています。もしこの本が何か一つでも新しい気づきをもたらしていたなら、ぜひ身近な方々とも共有していただけると嬉しいです。

最後に、インタビューにご協力いただいた皆さま、そしてこの本の制作に携わってくださったすべての方々、いつも動画を観て評価やコメントをしてくださっている皆さまに、心より感謝申し上げます。

これからも皆さまと一緒に『梅子の年金トーク!』を続けていけたらと思います。
引き続き、どうぞよろしくお願いいたします。

梅子

読者限定プレゼント

本書を最後までお読みくださり、誠にありがとうございました。
書籍の内容が少しでも皆さまのお力となれば幸いです。
ここでは読者限定プレゼントとして

「梅子のオリジナルエンディングノート！（PDF原稿）**」**

を無料プレゼントしております。
梅子にインタビューされている気持ちで、気軽にご活用ください！
下記のQRコード、またはURLよりダウンロードが可能です。

https://d.quel.jp/12135152

こちらは購入者限定で無料でお配りしているものなので、お受け取りのお忘れがないようにお願いします。
何か不備などがありましたら、お手数ですが以下のメールアドレスまでお問い合わせください。

nenkin.talk@gmail.com

※このプレゼントは予告なく終了する場合がございます。

取材させていただいた皆さまへ
もしお心あたりのある方は編集部へ
ご連絡いただけないでしょうか。
書籍見本、献本させていただきます。

聞《き》くのがこわい年金《ねんきん》の話《はなし》

年金《ねんきん》、いくらですか？

2025年4月15日　初版第1刷発行

著者　梅子《うめこ》の年金《ねんきん》トーク！
監修　内山貴博

発行者　笹田大治
発行所　株式会社興陽館
〒113-0024
東京都文京区西片1-17-8　KSビル
TEL　03-5840-7820
FAX　03-5840-7954
URL　https://www.koyokan.co.jp

構成 編集協力　安齋裕子
装丁　原田恵都子（Harada + Harada）
本文デザイン　大口典子（nimayuma）
イラスト　大嶋奈都子
校正　結城靖博
編集補助　飯島和歌子　木村英津子
編集人　本田道生
印刷　恵友印刷株式会社
DTP　有限会社天龍社
製本　ナショナル製本協同組合

Printed in Japan ISBN978-4-87723-340-2 C0095

ISBN978-4-87723-331-0 C0095

ISBN978-4-87723-333-4 C0030

ISBN978-4-87723-337-2 C0030

ISBN978-4-87723-320-4 C0095

ISBN978-4-87723-336-5 C0095